ENTENDIENDO
y CONQUISTANDO
la ANSIEDAD

JA PÉREZ

— DE LA SERIE —
MATANDO
A LOS
DRAGONES

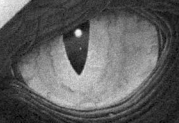

ENTENDIENDO Y CONQUISTANDO LA ANSIEDAD

Tisbita Publishing House

Puede encontrarnos en la red en: www.tisbita.com
Reportar errores de imprenta a errata@tisbita.com
Contactar al autor en: www.japerez.com

TISBITA
HOUSE

ISBN: 978-1947193284

Printed in the U.S.A.

AGRADECIMIENTOS

A mi Dios, por todo. A mi esposa e hijos, quienes pacientemente me prestan de su tiempo para escribir. A mi equipo por su ardua labor en todo trabajo literario. A mi madre por su ayuda en las correcciones al manuscrito. A nuestros dos hermosos gatos que fielmente me acompañan mientras escribo.

DEDICACIÓN

*Este humilde volumen es dedicado a
ti que luchas con la ansiedad.
Es mi oración que estas páginas
puedan revelarte como la ansiedad
pudiera ser el instrumento más
poderoso que Dios use para traerte a
una vida de continua paz —la paz que
sobrepasa todo entendimiento.*

Serie: Matando a los Dragones

Venciendo la Ansiedad

Esta serie de libros es basada en el volumen completo: *Matando a los Dragones: De la ansiedad a la paz que sobrepasa todo entendimiento*, la serie incluye el *manual interactivo* y curso titulado *Venciendo la Ansiedad* en la *Red de Desarrollo Bíblico* en: https://desarrollo.japerez.com

CONTENIDO

NOTA IMPORTANTE

Al escribir sobre la ansiedad en este libro, lo hago de acuerdo a mi experiencia de vida, entendimiento teológico y relación con Dios.

No estoy estableciendo definiciones médicas o científicas.

Los consejos espirituales no están dirigidos a reemplazar de ninguna forma la atención profesional de psicólogos, psiquiatras y expertos en la materia —especialmente en depresión y ansiedad diagnosticados clínicamente.

Por eso siempre digo a mis lectores y audiencia que busquen ayuda profesional en todo lo que sea posible.

Aún así, en esta jornada, confío que muchos se identifiquen conmigo y pudieran en estos textos encontrar ayuda, pero no pretendo usurpar el lugar que sólo médicos y científicos pueden ocupar.

INTRODUCCIÓN

La ansiedad para mí ha sido una lucha de toda la vida —hasta que comencé a entenderla.

Mis batallas con la ansiedad me han empujado a buscar a Dios, y buscar respuestas.

Depender de Él no ha sido opcional para mí. Lo necesito, aún para las cosas más básicas —cosas que la mayoría de las personas pueden lograr por sí mismas, y que para mí son desafíos.

Cosas como subir a un avión o registrarme en un hotel en una ciudad donde no conozco a nadie. Cosas como salir a comer con amigos en una ciudad lejos de casa con los recuerdos de las muchas veces que tuve infecciones estomacales o bacterias en países como Haití, Brasil o Ecuador y tuve que ingresar a un hospital.

Sí. A veces en situaciones como esas, he tenido manos frías y sudorosas, sentimientos de pánico, miedo e inquietud, dolor en el pecho y palpitaciones del corazón, todo al mismo tiempo y en medio de todo esto, he aprendido a acercarme a Dios, depender de Él y buscar consuelo y respuestas en Su palabra.

Estimado lector. Creo que no soy la única persona que se ha enfrentado a la ansiedad y también creo que todo lo que he aprendido en mi viaje pudiera ser de aliento y ayuda para usted.

Es mi oración que este libro revele a su vida como la ansiedad pudiera ser el instrumento más poderoso que Dios use para traerte a una vida de continua paz —la paz que sobrepasa todo entendimiento.

*La ansiedad es como un dragón y tiene varias
cabezas. Asomará cada una de esas cabezas en
diferentes momentos de nuestra vida,
a veces en un mismo día.*

*Pero lo dragones no son inmortales. Existen
cazadores de dragones y armas poderosas y
específicas que les pueden hacer caer.*

*Alguien dijo que los dragones no existen. Dígale esto
a alguien que ha padecido de ansiedad. Otros dicen
que los dragones son figuras de nuestra imaginación.
Es posible. Pero en nuestra mente pueden ser muy
reales. Dragones como el miedo, la preocupación, el
pánico —todo está en la mente, pero eso no los hace
menos reales.*

*La ansiedad es real. También el Dios que nos creó. El
conoce nuestras más profundas luchas y Él es mucho
más real que la ansiedad.*

*Él es tan poderoso que en Su soberanía puede usar
hasta la ansiedad para atraernos a Él, por amor a Sí
mismo y para gloria de
Su santo nombre.*

¿POR QUÉ NECESITO ENTENDERLA ANTES DE VENCERLA?

No puedes conquistar un enemigo que no entiendes. La ansiedad tiene causas, tiene raíces, y aún las coas que no se pueden detectar con claridad en la superficie, tienen una explicación.

Conocer de cerca a mi Creador y conocerme a mi mismo han sido elementos claves en mi vida para descubrir de donde viene la ansiedad, cómo me ha afectado por tantos años y cómo encontrar respuestas y soluciones definitivas, no solo para conquistarla, sino para aprender a vivir en un ritmo continuo de verdadera paz y contentamiento.

En este sencillo volumen, mi objetivo es ayudarle a encontrar respuestas, caminar con usted y juntos descubrir aquellas cosas que antes no se veían con claridad. De manera que podamos entender de dónde viene esa ansiedad que ha afligido su vida, y cómo Dios puede usar esa aflicción como un instrumento que le lleve a descubrir Su Paz — la paz que sobrepasa todo entendimiento.

Antes de comenzar esa jornada, en la parte del libro titulada «descubrimiento», permítame hablarle de mi experiencia y relación con ese dragón llamado ansiedad.

MI SECRETO

MI BATALLA DE TODA LA VIDA CON LA
ANSIEDAD Y POR QUÉ ES UNO DE LOS MEJORES
REGALOS QUE HE RECIBIDO

1

KINDERGARTEN

La ansiedad para mí ha sido una lucha de toda la vida —hasta que comencé a entenderla.

Recuerdo cuando tenía 5 años lo difícil que era para mí ir al kindergarten. Todas las mañanas, cuando mis padres me despertaban para prepararme para la escuela, comenzaba a sudar, iba al baño y vomitaba, a pesar de que no había comido nada. Recuerdo el miedo y los sentimientos de desesperación. Tenía miedo ir a la escuela. Una vez en la escuela, lloraba, hasta que mi tío Paco venía a recogerme.

Un día, después de estar dos meses en la escuela, salté la cerca de la escuela y me fui a casa. Todos fueron a buscarme. Mi abuelo, mi tío, el maestro, los vecinos.

Un par de horas después, me encontraron. No recuerdo los detalles específicos, pero recuerdo que había decidido que no volvería a la escuela.

Y no pudieron obligarme. Mi relación con el kindergarten había terminado.

Algunos miembros de la familia dirían que solo era un niño mimado. Que todo lo que necesitaba era un par de nalgadas y que me llevaran a la escuela y me obligaran a permanecer allí como todos los demás niños, pero mis padres sabían que mi lucha era más allá que la de un niño que extrañaba a sus padres mientras estaba en la escuela.

Sí. Al comenzar el año, mis padres me llevaron y me dejaron allí, y mi lucha fue diaria durante dos meses, lo que sugirió que algo andaba mal. Mis padres hicieron lo mejor que pudieron, sin saber cuál era el problema. Pero después del día que salté la cerca de la escuela y me escapé, ellos entendieron que algo andaba mal y no me obligaron a permanecer en la escuela ese año.

Luego, cuando cumplí 6 años, mis padres me llevaron de regreso y comencé el 1er grado. En el 1er grado tuve una buena maestra. Se llamaba Miguelina y era muy dulce. En primer grado hice buenos amigos que han permanecido mis mejores amistades durante toda mi vida. Amistades sólidas que aún permanecen después de 5 décadas.

La escuela en nuestra pequeña aldea tenía un ambiente saludable. Todas las familias se conocían. Eso, y la paciencia y el amor de la maestra hicieron posible que me quedara en la escuela, sin embargo, todavía tenía los mismos síntomas y atravesaba las mismas dificultades todas las mañanas.

Crecí y durante muchos años no supe qué era. No tenía nombre para eso, pero las emociones eran muy reales.

Hoy (y para gloria de Dios) puedo decir que me siento una persona realizada. He sido bendecido con una buena esposa. Hemos estado casados por 30 años (al escribir este libro) y tenemos 3 hermosos hijos. Nuestros dos hijos varones son graduados universitarios y nuestra hija está en este momento en la universidad. Todos aman al Señor y son muy activos con mi esposa y yo en el ministerio.

Este año (2020) celebro 39 años en el ministerio, la mayoría en misiones. Dios nos ha bendecido tremendamente. Hemos viajado por el continente durante años celebrando cruzadas, festivales en estadios y sirviendo a los más pobres en países del tercer mundo con misiones humanitarias. También recibo invitaciones periódicamente para hablar en conferencias de líderes ministeriales y empresariales y paso gran parte de mi tiempo haciendo lo que más me gusta: «escribir libros».

Dios nos ha rodeado de buenas amistades, que nos aman, algunos de ellos mis héroes en la fe y nos ha permitido desarrollar relaciones ministeriales con hombres y mujeres en posiciones de autoridad en toda nuestra América.

En pocas palabras, puedo decir que he vivido una vida bastante normal, llena de logros y muchas recompensas en lo que corresponde a esta tierra. No me puedo quejar.

Aún así, a menudo lucho con los mismos sentimientos que tenía cuando era niño, aunque ha sido en los últimos años que he llegado a comprender lo que realmente es por su nombre... y no es un nombre bonito. Su nombre es Ansiedad.

2

ROMPIENDO EL SILENCIO

¿Por qué he esperado tanto tiempo para hablar públicamente sobre esto y por qué he decidido hacerlo ahora?

Soy un hombre de fe. He servido a Dios desde que tenía 19 años de edad. Dios ha confiado en mí un ministerio y he estado hablando a miles cada año. En eventos masivos y en entornos íntimos, he podido (por la gracia de Dios), guiar a miles a una relación personal con Jesucristo.

¡Pero espera —tu podrías decir— hay una contradicción!

¿Cómo puedes decir que eres un hombre de fe y al mismo tiempo luchar con la ansiedad? ¿No es fe lo opuesto al miedo?

¿No dice la Biblia: «No estéis ansiosos por nada»?

¿Estás seguro de que eres cristiano?

Sí, sí y sí.

¡Tienes razón!

Es una contradicción. Y sí, soy un hombre de fe. Y sí, soy cristiano. Y es exactamente eso, lo que me mantuvo en silencio durante años.

He orado y le he pedido a Dios durante años que me quite la lucha con la ansiedad. He confiado en Él, sabiendo que nada es imposible para Él.

Sin embargo, de la misma manera que hemos visto cómo Dios ha bendecido a muchos como resultado de nuestra obediencia de ir a todas las naciones y predicar el Evangelio ... ha sido esa oración precisamente la que nunca ha sido contestada —o quizá, la que ha sido contestada pero no de la manera que yo esperaba.

De hecho, a veces ha empeorado.

Podrías decir: «Tal vez no tienes suficiente fe», y es posible que tengas razón.

Aún así, en este «mi viaje», he llegado a descubrir una gran bendición que ha llegado a mi vida por el camino de la ansiedad, y que quiero compartir con ustedes más adelante en este libro.

Esa bendición es quizá la razón principal por la que hago pública mi lucha de vida con la ansiedad, ya que sé que va a bendecir a muchos que han estado en mi posición, pero primero, permítanme compartir con ustedes por qué guardé silencio por tantos años.

3

MÁSCARAS

En los círculos confesionales de donde vengo, se supone que un seguidor de Jesús no muestra signos de debilidad, y mucho menos un «ministro del Evangelio».

He escuchado a muchos predicadores decir desde el púlpito que la depresión es un pecado y que sólo «los no cristianos pueden tener batallas con la depresión».

Si usted es un «verdadero cristiano» (según ellos) y tiene su confianza y fe en Dios, entonces no hay lugar para la depresión (o ansiedad). Si estás deprimido (dicen), es porque «no tienes suficiente fe», por lo que toda tu relación con Dios se pone en tela de juicio.

Es por miedo a ser juzgado, que durante años no me atreví a hablar con nadie sobre mis miedos, mis luchas, mi tristeza.

Después de todo, soy un hombre de fe. ¿Por qué aceptaría esos sentimientos? Debería rechazarlos, bloquearlos, reprenderlos. ¿Cierto?

Quizá la otra razón para guardar silencio tantos años fue «el miedo al rechazo».

La religión y las personas religiosas pueden ser realmente crueles y críticas.

Un evangelista itinerante que muestra signos de duda o incertidumbre podría significar directamente «puertas cerradas».

Si invitas a un predicador a venir a predicar una campaña de avivamiento en tu iglesia, seguro que querrás un hombre de fe. Uno que ora por los enfermos y reciben sanidad. Un hombre de fe y poder, que nunca duda de nada y puede ser un buen ejemplo de fortaleza espiritual para que otros lo sigan. ¿Cierto?

Hay muchas razones lógicas en cuanto a por qué un predicador que lucha con ansiedad debería mejor guardarlo para sí mismo en secreto.

Además de eso, agregue el estigma que nuestra sociedad tiene sobre las enfermedades mentales.

Incluso en círculos no cristianos, salir y decir que luchas con ansiedad o depresión puede cambiar la percepción que otros tienen de ti y eso puede ser malo para los negocios —una de las razones por las cuales las personas en nuestra sociedad prefieren callar y no mostrar sus luchas.

Usamos máscaras, proyectamos algo que no somos.

Esto es triste, porque el silencio nos encierra en prisiones.

Es triste para la sociedad en general y también es triste cuando aquellos que servimos al Señor tenemos que escondernos detrás de una fachada de fortaleza y perfección.

Con razón, muchos ven a los ministros de sus iglesias como a superhumanos. Gente que no tiene debilidad. Así los subimos en pedestales y les obligamos a vivir a la altura de una regla que nadie puede sostener. Tarde o temprano, ese ministro tendrá que enfrentar la realidad de su imperfección. Es ahí cuando llega el desgaste, y muchos renuncian al ministerio, prefiriendo vivir libres de ese yugo.

Como Naamán el sirio, cuando alguien ve a ese general, verá la armadura, que brilla, que es impresionante. Así es cuando vemos a ese ministro sobre el púlpito, sus dones brillan, vemos la fortaleza de su carisma. Pero en secreto, Naamán esconde algo debajo de esa brillante armadura. Una imperfección, una debilidad, una enfermedad... en el caso de Naamán, lepra.

En el caso de Naamán, una persona pudo darse cuenta de su lucha secreta. Una sirviente. La sirviente de la esposa de Naamán.

Esta mujer, en lugar de ir y criticar, juzgar y dañar a alguien que ya está herido —como harían muchos de los cristianos en la Iglesia de hoy— fue y buscó una solución llamada «sanidad».

Lo dirigió al profeta que estaba en Samaria —Eliseo. En otras palabras le buscó ayuda.

Creo que el comienzo de nuestra sanidad es cuando salimos del silencio y vamos con alguien a buscar ayuda.

Dice el texto:

> *Y de Siria habían salido bandas armadas, y habían llevado cautiva de la tierra de Israel a una muchacha, la cual servía a la mujer de Naamán. Esta dijo a*

su señora: Si rogase mi señor al profeta
que está en Samaria, él lo sanaría de su
lepra. 2 Reyes 5:2,3

Debido a la presión del juicio, la crítica y desprecio que exhiben los muchos religiosos en el sistema eclesiástico legalista de hoy, muchos sufren en silencio —sin buscar ayuda.

He roto mis lazos con la religión organizada, y debido a esto hoy disfruto del gozo y libertad en Cristo que la religión no me permitía tener. Le insto a leer mi libro: *Jesús Sin Religión*, el cual estoy seguro le ayudará a recibir esta libertad de la que hablo.

En el próximo capítulo le compartiré cómo es que pude salir de mi secreto y es mi oración que estas letras le inspiren a hacer lo mismo mientras juntos marchamos camino a la libertad.

4

Nada que demostrar

Lo que ahora les digo en la oscuridad, grítenlo por todas partes cuando llegue el amanecer. Lo que les susurro al oído, grítenlo desde las azoteas, para que todos lo escuchen. Mateo 10:27 (NTV)

¿Por qué, con todas esas probabilidades en mi contra, he decidido hablar sobre mi batalla de toda la vida con la ansiedad?

Estas son las razones por las que hoy te estoy abriendo mi corazón para decirte lo que ha sido un secreto de mucho tiempo pero que ahora ya no existe.

1- Ya no me importa la religión, las denominaciones o lo que otros puedan pensar o decir.

Una persona sabia dijo una vez: «la mayor libertad es no tener nada que demostrar[1]».

Entonces él les dijo: «A ustedes les encanta aparecer como personas rectas en público, pero Dios conoce el corazón. Lo que este mundo honra es detestable a los ojos de Dios». *Lucas 16:15*

Recuerdo cuando el ministerio era una carga pesada. Durante años trabajé duro pensando que tenía que defender y proteger el ministerio que Dios me había dado. Estaba ocupado trabajando en el ministerio todo el tiempo hasta el punto de no tener una vida fuera del mismo. Las actividades fuera del ministerio eran inexistentes. Me perdía de disfrutar muchas de las cosas que Dios tenía para mí vida.

Eso continuó hasta que lentamente comencé a comprender que necesitaba ser liberado de la carga del ministerio para poder servir a Dios libremente.

Hoy, el ministerio ya no es una carga. Mi relación con Dios es más importante que el ministerio.

No tengo que hacer nada para mantener las puertas abiertas. Ese trabajo le pertenece a Dios.

Un pastor amigo mío vino a mí hace unos años y me expresó que quería unirse a nuestro equipo de misiones. En nuestra primera reunión, comenzó a compartir cómo se sentía agotado después de más de 25 años en el ministerio.

Todavía puedo recordar haber visto sus expresiones faciales cuando le dije que para continuar sirviendo a Dios, necesitaba liberarse de la carga del ministerio.

Después de un largo proceso, pudo salir de esa carga y hoy está feliz de servir a Dios en las misiones en América Latina.

Sí, amigos.

Estoy libre de las cargas del ministerio. No necesito

cumplir con las exigencias de tener una buena imagen.

Es por eso que soy libre, para hablar sobre mis luchas.

Ahora, puede cambiar su opinión sobre mí, pero realmente no importa.

Puede dejar de admirarme como un hombre de Dios, pero realmente no importa.

Lo que importa es lo que Dios piensa, y creo que ÉL es quien me da la libertad de hablar.

2- La ansiedad ha sido el instrumento que Dios ha usado para traerme a una vida de paz y contentamiento... y creo que también lo hará con usted.

Mis batallas con la ansiedad me han empujado a buscar a Dios, y en medio de las batallas, he experimentado las mayores alegrías y la mayor cercanía a mi Padre celestial. Depender de Él no es opcional para mí. Lo necesito, aún para las cosas más básicas.

Cosas que la mayoría de las personas pueden lograr por sí mismas, y para mí son desafíos.

Cosas como subir a un avión o registrarme en un hotel en una ciudad donde no conozco a nadie. Cosas como salir a comer con amigos en una ciudad lejos de casa con los recuerdos de las muchas veces que tuve infecciones estomacales o bacterias en países como Haití, Brasil o Ecuador y tuve que ingresar a un hospital.

Sí. A veces en situaciones como esas, he tenido manos frías y sudorosas, sentimientos de pánico, miedo e inquietud, dolor en el pecho y palpitaciones del corazón, todo al mismo tiempo y en medio de todo esto, he aprendido a acercarme a Dios, depender de Él y buscar consuelo en Su palabra.

He aprendido a observar cómo todas las luchas son temporales mientras Dios y Su palabra son eternos; y eso me ha ayudado a tener una perspectiva eterna de las cosas.

Ya no oro para que Dios me quite la ansiedad. He aprendido a agradecerle por ello, porque la alegría que proviene de la continua dependencia de Dios es incomparable con todo lo que esta tierra tiene para ofrecer.

En medio de todo esto, con todas mis debilidades, luchas e imperfecciones, he visto las bendiciones de Dios derramarse sobre nuestra familia y ministerio en varios niveles. He visto cómo el mensaje de Cristo sigue extendiéndose a nuevas ciudades y cómo Dios usa el equipo para llegar a muchas familias con grandes necesidades en nuestra amada América Latina. He visto cómo Dios usa nuestros libros para edificar y equipar a miles para la obra de evangelismo en todas estas naciones.

Siempre me sorprende cómo Dios puede usar personas imperfectas para su gloria y honor.

Amigo. Creo que no soy la única persona que se enfrenta a la ansiedad y también creo que mi viaje puede ser una bendición para muchos.

Tal vez, estás atravesando luchas y batallas similares.

Esa es la razón por la que no guardaré más silencio.

Hay esperanza. Puedes acercarte a tu Dios. Él puede hacer que tu camino sea alegre y fructífero.

Si puede identificarse conmigo en estas cosas, continúe leyendo.

Caminemos juntos este viaje.

5

En la jornada

Tuvimos un Noviembre maravilloso.

Celebramos cumpleaños para mis dos hijos mayores, Sam y Jesse, también mi cumpleaños (en ese momento cumplía 55 años de edad) y una bendita cena de acción de gracias.

Mi esposa ha perfeccionado el arte de hacer el pavo a la perfección. En Noviembre, no viajé mucho. Solo hice un par de conferencias en California, una en San Diego y otra en Fresno y pude pasar tiempo en la oficina en San Diego, principalmente escribiendo y descansando.

Ha sido un año ocupado.

Este año viajé constantemente. Estuvimos en Washington DC dos veces, tuve conferencias en varias ciudades de América del Norte y varios viajes a América Latina, especialmente a Costa Rica, a donde ya hemos ido varias veces para completar un proyecto a nivel ciudad en la hermosa Puntarenas y ahora, después de un bendecido Noviembre, volvemos a Costa Rica, esta vez para celebrar el festival de toda la ciudad y la conclusión del proyecto de un año.

Es emocionante volver. El equipo ha trabajado muy duro, trayendo eventos humanitarios y capacitando a líderes de varias ciudades alrededor de Puntarenas, y ahora, en el festival, celebramos juntos mientras llevamos un mensaje de esperanza a todos los que asistirán al evento final.

Sí, es emocionante.

Amamos servir a Dios y servir a las personas. Es una bendición ver a las familias transformadas en un proyecto largo como este. Al mismo tiempo, tenemos mucha responsabilidad sobre nuestros hombros. Muchas cosas podrían salir mal en un proyecto de esta magnitud. Confiamos en Dios que lo tiene todo bajo control, sin embargo, los niveles de estrés pueden aumentar fácilmente si no tenemos cuidado.

Además, la ansiedad no desperdicia la oportunidad de mostrar su cabeza. En el pasado hubiera dicho «es una cabeza fea», pero ya no digo eso. He aprendido a ver la bendición que conlleva, y ¿por qué rechazar algo que al final sirve como un conducto para la alegría y la paz de Dios que sobrepasa todo entendimiento?

Sería bueno si pudiera tener lo uno sin lo otro.

Quiero decir, tener alegría sin pasar por los momentos difíciles que trae la ansiedad. También he aprendido que esos momentos son sólo eso, «momentos». La ansiedad siempre es temporal. Siempre pasa. En realidad, todo en este lado del cielo es temporal. Todas las pruebas son temporales, así como todas las victorias. Hablaré de esto más adelante, ya que detrás de ese hecho, se esconde una hermosa verdad, lo suficientemente poderosa como para liberarte del miedo a la ansiedad y sus daños colaterales —incluso a los ataques de pánico.

4 días antes de viajar

A medida que comenzamos a prepararnos para un viaje largo, por supuesto, los miedos intentan entrar en acción. Si permito que mi mente salga del presente (vea más en el capítulo titulado El poder del ahora), mis pensamientos podrían tomar control y dictar cómo debería sentirme y actuar el resto del día.

Recuerdos de malas experiencias de viajes anteriores en Latinoamérica, enfermarme en un avión o en el hotel. Sintiendo la tristeza del camino oscuro, de noche en lugares donde no conozco a nadie, expuesto a muchos peligros.

¿Pero por qué mi mente traería esos pensamientos?

Son basados en la historia. Malas experiencias en el pasado.

La angustia y el dolor que sentí cuando me enfermé con una bacteria de algo que comí mientras estaba en Belém do Pará, en Brasil. El viaje de cuatro horas a Brasilia, vomitando, sudando, con fiebre alta, desmayándome mientras hacía la línea en el aeropuerto y el vuelo de nueve horas desde Brasilia a Atlanta, Georgia, donde el piloto tuvo que llamar a un médico en el avión para ayudarme debido a mi deshidratación, fiebre alta y constantes vómitos.

Podría abundar en los recuerdos de aquel o de muchos otros viajes donde las cosas salieron mal, hasta el punto de revivir el miedo y todo lo que vino con él o puedo decidir permanecer en el presente.

Todavía estoy en San Diego. No estoy enfermo.

Está comprobado que el 85% de las cosas que nos preocupan nunca sucederán, y del 15% que suceden, podemos manejar el 79% mejor de lo esperado, o la dificultad nos enseñó una lección que vale la pena aprender. Esto significa que el 97% de lo que nos preocupa no es mucho más que una mente temerosa que te castiga con exageraciones y percepciones erróneas[2].

Entonces, ¿por qué preocuparse por algo que nunca podría suceder?

Hace quinientos años, Michel de Montaigne[3] dijo: «Mi vida ha estado llena de terribles desgracias; la mayoría de las cuales nunca sucedieron».

Aún así, racionalizar las cosas puede parecer fácil, e incluso puede ser fácil para muchas personas, pero cuando hablamos de ansiedad, no estamos en el terreno de la razón o el sentido común.

Hay algo más.

Mientras te traigo a mi viaje, compartiré contigo los principios que me han ayudado a superar los efectos negativos de la ansiedad y cómo no quedar paralizado por ella.

No necesariamente haciendo desaparecer la ansiedad, pero —como en mi caso— encontrando alegría en medio de ella y creciendo en tu caminar con Dios, constantemente descansando en su gracia.

MI JORNADA EN FOTOS

A pesar de mi batalla de toda una vida con la ansiedad, he visto las bendiciones de Dios derramarse sobre nuestra familia y ministerio en varios niveles. He visto cómo el mensaje de Cristo —por medio de los libros, festivales o misiones humanitarias— se ha extendido a todo un continente.

Esa bendición es quizá la razón principal por la que hago pública mi lucha, ya que sé que va a bendecir a muchos que han estado en mi posición.

Antes de continuar con los próximos capítulos de este libro, —donde comenzaremos a identificar la fuente de ansiedad en su vida y juntos matar uno por uno a todos los dragones que le han causado tanta angustia— quisiera compartir algo de mi jornada en fotos.

De ninguna manera intento jactarme por haber logrado algo —es Dios en Su misericordia quien ha hecho todo— sin embargo, es mi oración que esta jornada mía, le anime, inspire y llene de esperanza, sabiendo que de la misma manera que Dios ha estado conmigo, estará también con usted.

Mi batalla con la ansiedad comenzó muy temprano en mi vida.

De niño tenía miedo ir a la escuela. Un día, después de estar dos meses en la escuela, salté la cerca y me fui a casa.

Había decidido que no volvería.

Y no pudieron obligarme. Mi relación con el kindergarten había terminado.

Siempre, en los años que siguieron, tuve luchas con la ansiedad, aunque el Señor me ayudó y tuve grados altos en cada materia.

Comencé a servir a Dios a los 19 años de edad. Tocaba la guitarra y predicaba en reuniones juveniles. Pronto comencé a viajar como evangelista itinerante, mientras recibía estudios teológicos y me preparaba para las misiones.

En la década de los 80 comencé a producir programas radiales alcanzando a más de 70 naciones. Cuando mi esposa y yo nos casamos, dimos comienzo a una década de campañas bajo carpa y al aire libre.

En esa década de misiones Dios nos bendijo con dos hijos varones. La multitudes seguían creciendo y las campañas eran más en estadios y plazas de toros.

La década que siguió ya de regreso en Estados Unidos plantamos y pastoreamos una iglesia, comencé a escribir libros y Dios nos bendijo con una hermosa hija. Tiempo después, invitaciones comenzaron a llegar de varios países de Latinoamérica y esto nos llevó a una nueva etapa de conferencias para líderes y empresarios mientras la presencia del ministerio crecía en los medios de comunicación.

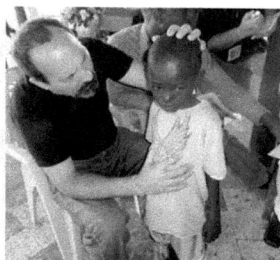

Misiones humanitarias ha sido una de las labores principales de nuestra organización en esta última década. Es un privilegio para mi, viajar con un equipo de gente que ama ayudar a aquellos en extrema necesidad en países del tercer mundo.

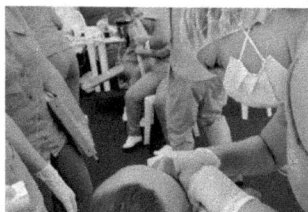

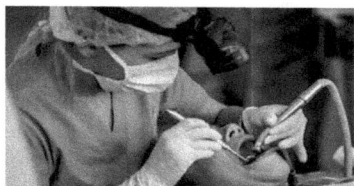

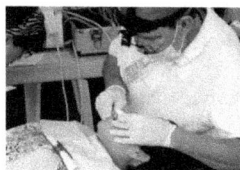

Los festivales y eventos masivos han sido una poderosa plataforma para comunicar esperanza en nuestra América Latina.

Por años, el Señor nos ha permitido ver miles de vidas transformadas con el poder del evangelio. La ansiedad ha sido el instrumento que Dios ha usado para acercarme a Él y depender de Su gracia en todo, aún en las cosas más sencillas.

Cada día me son más reales las palabras que Él le comunicó al apóstol Pablo cuando le dijo: «Bástate mi gracia; porque mi poder se perfecciona en la debilidad».

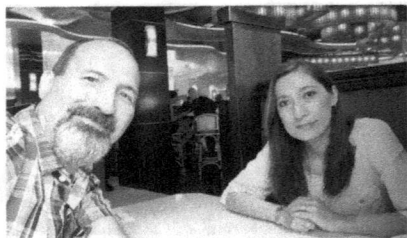

En el momento que se está publicando este libro, mi esposa y yo estamos cumpliendo 30 años de matrimonio. Hemos criado tres hijos y Dios ha sido bueno con nosotros.
Estamos agradecidos con Él.

Mi hijo mayor sabe hacer el lechón asado como si hubiera nacido en Cuba y mi hija cabalga desde que tenía 2 años de edad. Montar a caballo es su mejor pasatiempo y es algo que ella y yo hacemos juntos desde que estaba pequeña. Debajo, celebramos momentos, graduaciones y el cumpleaños 80 de su abuela —mi mamá.

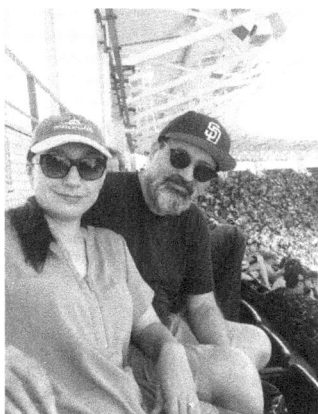

Disfruto el tiempo que dedico a estar con mi familia y además de eso, he aprendido a vivir en un ritmo de paz y contentamiento. Disfruto cada momento que Dios me permite estar sobre esta tierra, aún las cosas que pudieran parecer pequeñas.

En mi ritmo de vida, dedico tiempo a la oración y horas diarias al estudio disciplinado de los textos sagrados.

Pero también disfruto un partido de béisbol, jugar ajedrez con mi hermano, comer en familia y celebrar las victorias de mis hijos, ir al teatro con mi esposa o leer un libro de ciencia-ficción.

Mi pasión mayor de todo lo que hago es escribir, pero también salgo a caminar despacio y me tomo el tiempo para sentarme y observar la vida a mi alrededor.

La ansiedad no ha ganado. Vivo una vida muy normal.

Yo creo que Dios puede hacer lo mismo con usted. La ansiedad en su vida puede ser el instrumento que Dios use para traerle a una vida de paz —la paz que sobrepasa todo entendimiento.

Continúe leyendo, y tome nota de todas las cosas y principios que le voy a compartir en los siguientes capítulos. Estoy confiado de que de la misma manera que el Señor lo ha hecho conmigo, también lo hará con usted.

DESCUBRIMIENTO

¿DE DÓNDE VIENEN LOS DRAGONES?

CONOCIÉNDOTE A TI MISMO

6

Descubriendo la fuente de la ansiedad en mi vida

En mi caso, puedo decir que después de años, estudiando y discerniendo, he podido llegar a la conclusión que la ansiedad, en mi vida —y en la vida de muchas de las personas que conozco que han luchado con esta— proviene de dos fuentes. En parte, viene de la inseguridad que es fruto de una visión distorsionada del amor de Dios y su plan para conmigo (es decir, que en esta área el problema es espiritual / emocional) y en la otra parte, química, o lo que es decir algo que se hereda y tiene que ver con los genes.

De igual manera, creo que hay esperanza para encontrar auxilio de parte de Dios en ambos campos.

Dios puede sanarnos espiritual y emocionalmente (espíritu y alma) por medio de la renovación de nuestro entendimiento. Esa sanidad puede venir en forma de paz duradera en nuestro interior. En ese caso, puedo decir que la ansiedad trabajó como el instrumento que me llevó a buscar de Dios y acercarme a Él.

También Él puede sanarnos en la parte química que tiene que ver con nuestro cuerpo (neuronas, sistema nervioso, etc...), Él es El Señor nuestro sanador (Éxodo 15:26).

Sea que nos sane instantánea y sobrenaturalmente, lo cual Él puede hacer (para Dios no hay nada imposible), o que nos sane paulatinamente, aún usando los adelantos médicos, porque la ciencia y la medicina son ramas que también pertenecen a Él.

Es importante decir que no es mi intención generalizar y poner a todos en estas dos categorías. Todos los seres humanos somos diferentes, y por eso siempre digo que busque ayuda profesional en todo lo que sea posible.

Sin embargo, a lo largo de este recorrido, y después de haber ministrado a miles de creyentes en nuestra América Latina, puedo decir que he encontrado que cientos se identifican conmigo y hallan las causas de su ansiedad muy similares a las mías.

Entonces, partiendo desde ese punto, voy a compartir con usted la manera en que Dios ha ministrado a mi vida, primero aprendiendo a conocernos a nosotros mismos, identificando las áreas donde nuestra mente y espíritu han sido dañados.

Si nuestra visión del amor y plan de Dios para con nosotros ha sido distorsionada, entonces la manera de corregir ese daño, es —ya después de haberlo identificado— pasar a conocer lo que la palabra de Dios nos enseña en cuanto a quienes somos en Él, cómo nos ve Dios, y cómo se manifiesta el amor y la aceptación del Padre para con nosotros de manera que podamos asimilar y comprender la visión correcta y Bíblica de todas estas cosas.

Ya después que hayamos conquistado ese territorio en el área de nuestras convicciones, y comenzado a experimentar la aceptación y la paz que Dios trae a nuestra mente por medio de Su gracia, manifestada en Su palabra y esas emociones comiencen a sanar, entonces hablaremos de soluciones pragmáticas en cuanto a esa área que tiene que ver con nuestro ADN natural.

De igual manera creo que es la voluntad de Dios que sus hijos habiten en completa paz —la paz que sobrepasa todo entendimiento. En esa paz donde no existe el temor al futuro.

De esa manera podemos disfrutar de esos ríos de agua viva que Él ha prometido para sus hijos —rios que salen de nuestro interior.

CONOCIENDO A DIOS

7

Una visión distorsionada de Dios

La ansiedad del temor al castigo

Cuando estaba pequeño siempre me amenazaban con la frase: «Dios te va a castigar... si te portas mal, Dios te va a castigar».

Mis antepasados eran gente muy religiosa, y la religión (por el hecho de que está basada en legalismo) presenta a Dios como un ser enojado, esperando que desobedezcas en algo para dejar salir su enojo sobre ti.

¿Ha conocido usted a una de esas personas histéricas y amargadas que explotan por cualquier motivo por pequeño que sea y con el tiempo la gente no se le puede acercar?

Así me imaginaba a Dios.

Crecí con una visión muy distorsionada sobre el carácter de Dios.

Yo crecí con mentalidad de castigo. De pequeño era un niño muy travieso (de esos que siempre están inventando algo), y como siempre estaba haciendo travesuras (impulso que no podía contener), pues siempre viví esperando que Dios me iba a castigar.

Cuando tienes mentalidad de castigo, no puedes

recibir cosas buenas, pues crees que no te las mereces.

De hecho, la expectación de castigo puede traer gran ansiedad (miedo del futuro). Imagínese estar todo el tiempo esperando que Dios le va a castigar. Esto produce miedo al futuro.

La religión produce ansiedad

El sistema religioso reposa sobre una teología confundida que liga principios de ley y gracia. Y estos dos pactos no se pueden ligar, pues uno reemplazó completamente al otro.

> *Al decir: Nuevo pacto, ha dado por viejo al primero; y lo que se da por viejo y se envejece, está próximo a desaparecer. Hebreos 8:13*

> *...a Jesús el Mediador del nuevo pacto, y a la sangre rociada que habla mejor que la de Abel. Hebreos 12:24*

Bajo la ley el hombre debía pagar por su desobediencia.

El concepto de penitencias es basado en ley, entonces cuando haces algo, no tendrás tranquilidad hasta que no hayas pagado por lo que hiciste.

Esto es completamente opuesto a las doctrinas de gracia, pues si Cristo tomó nuestro lugar en la cruz y pagó por mi desobediencia, entonces esto quiere decir que ya yo no tengo que pagarlo. Es una cuenta saldada.

En este libro vamos a aprender a recibir paz y reposo

a la medida que entendemos el valor de la perfecta obra de Cristo consumada en la cruz.

Dios no está enojado

Es cierto que el pecado produce ira, y sí, Dios es Dios de juicio. Sin embargo, nadie jamás pudo satisfacer la demanda de esa ira.

Los sacrificios que hacía el sacerdote bajo la ley de Moisés, no podían resolver el problema, pues las víctimas eran animales imperfectos.

Esto es lo que el escritor de Hebreos dice acerca de la efectividad de esos sacrificios:

> *Lo cual es símbolo para el tiempo presente, según el cual se presentan ofrendas y sacrificios que no pueden hacer perfecto, en cuanto a la conciencia, al que practica ese culto... Hebreos 9:9*

Dice que esos sacrificios no podían hacer «perfecto en cuanto a la conciencia» a los que lo practicaban.

Los rituales, ceremonias y prácticas religiosas te dejarán igual... culpable y con sucia conciencia.

Debemos reconocer y admirar el perfecto sacrificio de Cristo en la cruz, el cual fue suficiente para aplacar la ira del Padre.

Su ira fue vertida sobre su propio hijo en lugar nuestro. El nos libró de su propia ira.

> *....el castigo de nuestra paz fue sobre él... Isaías 53:5*

12

Cristo fue castigado en tu lugar... no esperes castigo, ya eso sucedió... Hoy espera cosas buenas.

Por eso podemos estar tranquilos... Dios no está enojado con nosotros.

Conciencia de pecado

Si te sientes culpable y crees que no te mereces algo bueno pues has desobedecido a Dios, ya sea por esa falta que cometiste recientemente o mucho tiempo atrás la cual te persigue, y te quita la paz, y te hace creer que no puedes esperar nada de parte de Dios pues Él seguramente estará enojado contigo...

Si continuamente luchas con la memoria de ese pecado cometido que te atrapa y te hace creer que acercarte a Dios y recibir de Él está fuera del regnum de posibilidades.

Entonces, no has entendido el verdadero carácter de Dios.

Estoy seguro que Dios tiene buenos planes contigo y que lo mejor de tu vida en cuanto a tu relación con Él, todavía no ha sucedido.

También creo que Su plan para contigo incluye darte paz y seguridad interior. Él quiere renovar tu espíritu, sanarte, y ponerte en una posición donde de nuevo puedas soñar.

Donde puedas recobrar o desarrollar esa fresca visión del futuro y comiences diariamente a tener en tu vida una gran expectación de cosas buenas.

Para tener una correcta visión en cuanto al carácter de Dios, comenzaremos por entender este inicial y sencillo principio:

> *Para ser libres del problema del pecado,*
> *debemos entender que el pecado es un*
> *problema resuelto.*

Sí. La obediencia trae buenos frutos.

La obediencia es buena y resulta en buenos dividendos, pero tu obediencia no es suficiente para librarte de los efectos del pecado. Es decir, portándote bien jamás tendrás completa paz.

De la misma manera tu obediencia no te puede salvar, pues si tu obediencia fuera suficiente para salvarte, Cristo no hubiera haber tenido que ir a la Cruz.

La Biblia enseña que fue por la obediencia de Cristo que fuimos salvos.

> *Porque así como por la desobediencia*
> *de un hombre los muchos fueron*
> *constituidos pecadores, así también por*
> *la obediencia de uno, los muchos serán*
> *constituidos justos. Romanos 5:19*

Note que justicia vino por la «obediencia de uno» es decir «de Cristo».

Observe el siguiente texto:

> *...y estando en la condición de hombre,*
> *se humilló a sí mismo, haciéndose*
> *obediente hasta la muerte, y muerte de*
> *cruz. Fil 2:8*

Cristo fue «obediente hasta la muerte» y su perfecta obediencia pudo satisfacer al Padre.

Es por su obediencia que somos justificados

Entonces, no importa que no me merezca algo bueno de parte de Dios, de todas formas, Cristo sí lo merece, y Él lo conquistó para pasármelo a mi.

Así que, yo sencillamente lo recibo, y Dios se complace en que yo lo reciba, pues al recibir algo que no merezco, esto trae agradecimiento a mi corazón.

Amo más porque me ha sido perdonado más.

...mas aquel a quien se le perdona poco,
poco ama. Lucas 7:47

La ley de Moisés te mantenía «sintiéndote pecador».

Los continuos sacrificios no eran lo suficiente para aplacar esa conciencia. Tendría que venir un perfecto sacrificio para que de una vez y por todas resolviese ese problema, pues al ser «limpios una vez» ya deja de existir esa conciencia de pecado.

Veamos el texto:

De otra manera cesarían de ofrecerse,
pues los que tributan este culto, limpios
una vez, no tendrían ya más conciencia
de pecado. Hebreos 10:2

El sacrificio de Cristo en la Cruz, limpió nuestra conciencia de una vez.

> *...pero Cristo, habiendo ofrecido una vez para siempre un solo sacrificio por los pecados, se ha sentado a la diestra de Dios. Hebreos 10:12*

Note que dice: «una vez para siempre un solo sacrificio por los pecados». Es decir, su «único» sacrificio fue suficiente para quitar el problema del pecado.

Si no conocemos esto, continuaremos arrepintiéndonos y culpándonos por algo que ya Dios resolvió hace 2000 años. Siempre estarás pensando en tu pecado, aunque ya no esté ahí.

Conciencia de pecado nos interrumpe creer que Dios tiene buenas cosas para nosotros. También produce ansiedad, miedo al futuro, especialmente si pensamos que Dios no está de parte nuestra.

Debemos tener un cambio de mentalidad. Ya hemos sido limpiados y tenemos que vernos limpios para poder creer que Dios tiene buen favor para con nosotros.

Culpabilidad

Ambos puntos mencionados anteriormente producen un sentimiento que puede ser mortal y este es el «Sentimiento de Culpa».

Ya sea (1) expectación de castigo, o (2) conciencia de pecado ambos producen este letal sentimiento, y digo «sentimiento» pues aunque ya no eres «culpable» (pues Cristo llevó tu culpa), si no lo entiendes, aunque esa culpa no esté ahí (ha sido quitada), el sólo hecho de tener ese «sentimiento» produce los daños de igual manera como si la culpa fuese real y pagarás una condena de la cual El Juez ya te ha absuelto.

El sentimiento de culpabilidad atormenta y crea ansiedad e inseguridad en cuanto al futuro.

Pablo nos da los textos que nos aseguran libertad de este letal sentimiento:

> *Bienaventurado el varón a quien el Señor*
> *no inculpa de pecado. Romanos 4:8*

Dos cosas a notar:

1- Si Cristo murió para quitar tu pecado, y ya este fue quitado, entonces «no eres inculpado» o sea «no eres hallado culpable», y esto es una bienaventuranza (bendición) que debes recibir.

2- Lo que mantenía la culpa de tus pecados viva era «la ley» y esta ley ya caducó.

> *Al decir: Nuevo pacto, ha dado por viejo*
> *al primero; y lo que se da por viejo y se*
> *envejece, está próximo a desaparecer.*
> *Hebreos 8:13*

Entonces al no haber ley, no se te puede encontrar culpable, por lo tanto «eres libre».

> *Pues antes de la ley, había pecado en*
> *el mundo; pero donde no hay ley, no se*
> *inculpa de pecado. Romanos 5:13*

Amado lector, si usted es un hijo de Dios, el problema de su pecado ya ha sido resuelto. Usted puede caminar con una mentalidad de libertad.

Su futuro está seguro en Cristo. Podemos estar tranquilos y eliminar ya toda preocupación en cuanto al futuro.

Recuerde. Dios tiene buenos planes para su futuro.

> *Porque yo sé muy bien los planes que tengo para ustedes —afirma el Señor—, planes de bienestar y no de calamidad, a fin de darles un futuro y una esperanza.*
> *Jeremías 29:11 (NVI)*

8

CONOCIENDO EL AMOR DEL PADRE

Pues el Señor tu Dios vive en medio de ti.
Él es un poderoso salvador.
Se deleitará en ti con alegría.
Con su amor calmará todos tus temores.
Se gozará por ti con cantos de
alegría. Sofonías 3:17 (NTV)

Como compartí anteriormente, crecí con una visión distorsionada de Dios. Veía a Dios como un castigador. Alguien que estaba esperando que yo cometiera un error para castigarme. Esto me mantenía ansioso, nunca sabía si me iba a suceder algo, y cuando algo me salía mal, pensaba que Dios me estaba castigando, pues después de todo, me lo merecía.

Además, tenía constantemente este sentimiento de que no importa cuánto esfuerzo hacía por portarme bien, nunca era lo suficiente. En otras palabras, no había manera de complacer a Dios y cumplir todas sus demandas y requerimientos.

Todas estas cosas —esta manera de pensar— forman la receta perfecta para una vida llena de miedos, culpabilidades, inseguridad y angustia.

Sin embargo, mi concepto en cuanto al carácter de Dios estaba muy distorsionado. Ciertamente muy lejos de lo que Su palabra nos enseña.

Vamos a desempacar el texto anterior, pues ese es uno de los textos que Dios ha usado para enseñarme sobre su carácter.

1- Él está conmigo. Vive conmigo.

Dice el texto: «el Señor tu Dios vive en medio de ti».

Es decir que Él no está lejos. No es un Dios distante.

Él ve mis angustias, tristezas, retos, pruebas de muy cerca.

Podemos contar con Él porque está cerca.

> *Nuestro Sumo Sacerdote comprende nuestras debilidades, porque enfrentó todas y cada una de las pruebas que enfrentamos nosotros, sin embargo, él nunca pecó. Así que acerquémonos con toda confianza al trono de la gracia de nuestro Dios. Allí recibiremos su misericordia y encontraremos la gracia que nos ayudará cuando más la necesitemos. Hebreos 4:15,16 (NTV)*

2- Para Él no hay nada imposible.

Dice el texto: «Él es un poderoso salvador».

Dios es poderoso y te puede salvar no solo eternamente, también te puede salvar de cualquier situación.

...porque nada hay imposible para Dios.
Lucas 1:37

3- Se deleita en mi. «Se deleitará en ti con alegría».

Dios está complacido conmigo.

Anda, y come tu pan con gozo, y bebe
tu vino con alegre corazón; porque
tus obras ya son agradables a Dios.
Eclesiastés 9:7

Como dice Salomón, «mis obras ya son agradables
a Dios». No tengo que demostrarle nada a Dios. Ya soy
aceptado.

...para alabanza de la gloria de su
gracia, con la cual nos hizo aceptos en el
Amado. Efesios 1:6

Sabiendo esto, podemos caminar en paz, tranquilos.
Este conocimiento nos quita la ansiedad de querer
ganarnos la aceptación y el amor de Dios por medio de
nuestros esfuerzos humanos.

4- Por que me ama, calmará todos mis temores. «Con su amor calmará todos tus temores».

Por eso debo concentrarme en el amor de Dios. Que
sea su amor el centro de nuestros pensamientos.

Cuando sabes esta realidad de que Dios te ama, los
temores del futuro comienzan a desaparecer.

> *...de manera que podemos decir*
> *confiadamente: El Señor es mi ayudador;*
> *no temeré Lo que me pueda hacer el*
> *hombre. Hebreos 13:6*

5- Dios te celebra a ti. Tú le traes gozo. «Se gozará por ti con cantos de alegría».

Te imaginas que tú le produces gozo a Dios. No le produces enojo.

Dios no está enojado contigo.

Teniendo una visión sana del amor de Dios para con nosotros, nos permite avanzar hacia el futuro sin temor.

Recuerda que la ansiedad se puede definir como «miedo al futuro». Puede ser un futuro lejano, o algo que puede suceder en los próximos 5 minutos.

¿Qué puede librarnos de ese temor, ansiedad?

> *En el amor no hay temor, sino que el*
> *perfecto amor echa fuera el temor...*
> *1 Juan 4:18*

Así es. El amor de Dios echa fuera la ansiedad.

9

EL SEÑOR, TU PROVEEDOR

Y llamó Abraham el nombre de aquel lugar, Jehová proveerá. Por tanto se dice hoy: En el monte de Jehová será provisto. Génesis 22:14

¿Ha hecho Dios provisión para tus necesidades?

¿Le interesa a Dios tu bienestar mental?

Claro. Dios que te ama está interesado en tu bienestar.

Como seres humanos, tenemos necesidades básicas. Estas deben ser suplidas para que vivámos sanos, espiritual y emocionalmente.

A continuación hablaré de las 5 necesidades básicas que deben ser suplidas para que estemos bien.

Muchos psicólogos y científicos en el pasado han estudiado y aún clasificado lo que se cree son las más básicas necesidades del ser humano. Por ejemplo, existe la muy conocida pirámide de Maslow, también conocida como la «jerarquía de las necesidades humanas».

Esta es una teoría psicológica propuesta por Abraham Maslow en su obra: Una teoría sobre la motivación humana de 1943, que posteriormente amplió. Maslow formula en su teoría una jerarquía de necesidades humanas y defiende que conforme se satisfacen las necesidades más básicas (parte inferior de la pirámide), los seres humanos desarrollan necesidades y deseos más elevados (parte superior de la pirámide)[4][5].

Muchos otros han escrito o presentado los resultados de diferentes investigaciones.

Hace poco estuve leyendo la manera en que Alon Braun, —un empresario inversionista— reduce el número de estas necesidades a siete[6] y las relaciona con el éxito en los negocios. Manfred Max-Neef, —un intelectual, economista— enumera nueve necesidades fundamentales[7]. Sin embargo, estudiando las necesidades humanas básicas desde un punto de vista Bíblico, y conociendo la provisión de Dios para cada una de estas necesidades, creo poder simplificar la ecuación y poder reducirlas a cinco necesidades básicas.

Aquí, las menciono una por una junto a la respuesta Bíblica para cada una de estas necesidades —conforme a mi experiencia personal.

La lucha por las 5 necesidades esenciales para la salud mental.

1- Necesidades de seguridad. Certidumbre.

Todos queremos estar seguros de nuestro futuro, circunstancias, ¿qué va a pasar?

Protección social —seguridad física, social, de empleo, jurídica, jubilación, etc...

Esto puede ser causa de mucha ansiedad.

Hace un tiempo atrás, fui sometido a una cirugía en la que reconstruyeron mi esófago. Los meses antes de la cirugía, y debido a los daños que tenía en las paredes de este, se me hacía muy difícil digerir alimentos, por lo que comencé a perder energía y mucho peso. Luego después de la cirugía, la recuperación tomó aproximadamente un año. Fue una recuperación lenta.

Llegué a perder 48 libras de peso y durante meses no tenía fuerzas para levantarme de la cama. Perdí temporalmente mi voz por causa de la proximidad de esa parte del esofago a mis cuerdas vocales.

En este proceso, Dios trató conmigo mucho en el área de la paciencia (más adelante en este libro hablo de esto y de la paz que sobrepasa todo entendimiento) sin embargo, una de las luchas que sostuve en este período, tuvo que ver con una gran preocupación en cuanto a mi futuro.

En cama, sin poder ir a la oficina, sin poder viajar, no conferencias, no proyectos, no ministerio, durante meses, era el momento perfecto para que mi mente comenzara a ordenar pensamientos destructivos como: «¿Qué va a pasar si ya no te puedes levantar de esta cama?, ¿Cómo le harás para cubrir todas las obligaciones financieras?», y no sólo eso. También comenzó a entrar en mi vida un miedo a la vejez. Experimentando en ese momento de mi vida la fragilidad humana, viendo con ojos naturales que los años han pasado, y «este cuerpo de humillación (Fil 3:21)» se ha ido desgastando... ¿Qué va a pasar?, mi esposa he hijos todavía me necesitan.

Quizá usted ha pasado por luchas semejantes. Quizá no, sin embargo la lucha por estabilidad, seguridad financiera, certidumbre es una que todos sostenemos en algún momento de nuestra experiencia humana. Para muchos esta preocupación es constante, sea cuando sus hijos están pequeños y sus ingresos no son lo suficiente y el temor al desempleo le visita o cuando se acerca a los años de su vejez y sabe que su pensión de retiro no será lo suficiente para jubilarse, o no puede seguir trabajando por causa de una enfermedad.

Sea cual sea el caso, la realidad es que la necesidad de certidumbre es común para los seres humanos, y esta puede producir gran ansiedad.

Durante mi prueba, después de la cirugía, muchos de mis días se convirtieron en largas jornadas de oración y lectura en la palabra de Dios, y un día, cuando menos lo esperaba, Dios me habló por medio de su palabra, y este fue el texto:

> *Considera al íntegro, y mira al justo;*
> *Porque hay un final dichoso para el*
> *hombre de paz.* Salmos 37:37

Esa es la respuesta que me trae tranquilidad y reposo: «...hay un final dichoso para el hombre de paz». Quiere decir que «si soy un hombre de paz, el Señor me asegura que mi final será dichoso». Entonces lo que tengo que hacer es asegurarme que soy «un hombre de paz». Y ¿cómo me convierto en «un hombre de paz»?

De esto hablaré más adelante en el libro, pero por el momento le diré que la paz de Dios es algo que se busca, se procura y se multiplica en nuestra vida a medida que crecemos en el conocimiento de Dios.

Busca la paz, y síguela. Salmos 34:14

Gracia y paz os sean multiplicadas, en el conocimiento de Dios y de nuestro Señor Jesús. 2 Pedro 1:2

Desde el día que entendí, que Dios ha hecho provisión para que yo tenga un «final dichoso», mi alma ha encontrado aliento en cuanto al futuro. Mi mente se ha calmado. Estoy tranquilo, y a medida que crezco en su conocimiento, su paz es multiplicada en mí.

Le dije antes en el libro que la ansiedad en mi vida ha sido algo que Dios ha usado para acercarme a Él. Ya vé, necesito conocerle más a Él y la única manera de hacer esto es permanecer sumergido en Su palabra. El fruto de esto es certidumbre, seguridad, y he ahí donde Dios suple para saciar esta primera necesidad humana.

Ahora, Dios no me revela el futuro. Se que hay seudo-profetas hoy en día en las iglesias que se la pasan (según ellos) revelando a la gente sus futuros. Claro, estos son falsos profetas, quizá adivinos que no conocen sus propios futuros, porque Dios no está interesado en revelarlo.

Entonces, todos necesitamos tener cierta certeza y seguridad en cuanto al futuro, pero si ya sabes todo lo que pasará y estás en control, entonces te aburres. Para esto, te fue insertada otra necesidad humana: Incertidumbre.

2-Necesidad de retos. Incertidumbre.

Necesitamos variedad, necesitamos sorpresas, retos, aprietos.

Si bien «certidumbre» es una necesidad, también lo es «incertidumbre».

Años atrás, en esos años donde viajaba intensamente nuestra amada América Latina (hoy en día viajo mucho menos y dedico más tiempo a escribir y preparar a otros), sucedía que cuando estaba mucho tiempo fuera de casa, de avión en avión, de hotel en hotel, comenzaba a sentir cierta inseguridad. A veces sentía cierta incertidumbre. Tenía la necesidad de amanecer en mi cama en San Diego, cenar con mi familia, estar dentro de lo conocido y familiar.

Recuerdo que llegaba a San Diego y mi esposa me iba a recoger al aeropuerto (hoy en día cuando salgo a predicar, siempre mi esposa viaja conmigo, pero cuando nuestros hijos estaban pequeños, ella tenía que quedar en casa, llevarlos a la escuela, etc...), me daba una gran alegría estar en mi ciudad. Al siguiente día de estar en casa, en la mañana temprano, mi esposa y yo íbamos a desayunar a Mcdonalds, porque era algo conocido, familiar, significaba que estaba en mi territorio, después de días de haber estado comiendo en lugares desconocidos.

Esta es exactamente la necesidad de certidumbre manifestándose en mi. Sin embargo, una vez que estaba ya varios días en casa, cómodo, sin retos o sorpresas, comenzaba a sentir la necesidad de ir de regreso a la labor de evangelismo y misiones. Ya extrañaba el avión, los aeropuertos, la aventura, los retos, los proyectos en ciudades desconocidas. Esta era la necesidad de incertidumbre manifestándose.

He entendido que el motor impulsor que me lleva a lanzar proyectos y sueños difíciles de alcanzar, tomar riesgos, que me ponen a veces en aprietos, no es otra cosa que el llamado a la incertidumbre, que Dios puso dentro de mi.

Recuerdo más de una vez en el pasado haberle dicho a mi esposa «éste es el último festival que realizo. Es muy cansado, me desgasta mucho, me trae mucho estrés. Mejor voy a hacer cosas que no tengan tantos retos». Sin embargo, este sentimiento dura poco tiempo. En cuanto me relaje un poco, y esté más tranquilo, el deseo de tomar nuevos retos regresará.

¿Qué cree usted que motiva a alguien a lanzarse de un avión con paracaídas?

¿Qué mueve a un explorador, ir a la Antártica y pasar meses en el hielo, o a un alpinista querer escalar el Monte Everest?

Exactamente, lo que está usted pensando: «la necesidad de incertidumbre».

¿Cómo suple Dios para esta necesidad en nuestra vida?

Él pone en tu corazón un sueño. Una visión. Algo que es imposible que puedas hacerlo solo.

Necesitarás fe. Mucha fe. Necesitarás tomar riesgos. Caminar hacia lo desconocido.

Y en ese recorrido pasarás aprietos, tendrás pruebas.

Pero Dios estará trabajando en ti, supliendo,

llenando tu necesidad de incertidumbre.

En esto trabaja la fe.

> *Es, pues, la fe la certeza de lo que se*
> *espera, la convicción de lo que no se ve.*
> *Hebreos 11:1*

Siempre me había preguntado algo.

La Biblia nos da una lista de a quienes nosotros llamamos «los héroes de la fe», ahí en ese capítulo 11 de Hebreos. Estos eran verdaderamente gente de fe, que se atrevían a creer a Dios por cosas grandes.

Entre ellos está Abraham, Sara, Noé, Moisés, David y otros. Su hazañas fueron grandes.

> *...que por fe conquistaron reinos, hicieron*
> *justicia, alcanzaron promesas, taparon*
> *bocas de leones, apagaron fuegos*
> *impetuosos, evitaron filo de espada,*
> *sacaron fuerzas de debilidad, se hicieron*
> *fuertes en batallas, pusieron en fuga*
> *ejércitos extranjeros. Hebreos 11:33—34*

Sin embargo, todos estos héroes de la fe, dice la Biblia que no alcanzaron las promesas. Dice que: «murieron todos éstos sin haber recibido lo prometido».

> *Conforme a la fe murieron todos éstos*
> *sin haber recibido lo prometido, sino*
> *mirándolo de lejos, y creyéndolo, y*

saludándolo, y confesando que eran extranjeros y peregrinos sobre la tierra. Hebreos 11:13

Y todos éstos, aunque alcanzaron buen testimonio mediante la fe, no recibieron lo prometido... Hebreos 11:39

Mi pregunta era: ¿Por qué permitió Dios que todos estos héroes estrecharan su fe y padecieran tantos retos, si al final, no les iba a conceder aquello por lo que estaban creyendo?

Ahora entiendo. Dios estaba supliendo a estos héroes una necesidad más grande que todo lo otro que pudieran conquistar. Dios les estaba supliendo la necesidad de incertidumbre.

Todos estos hombres y mujeres, necesitaban la aventura, la adrenalina, los riesgos, los retos. Porque son todos estos aprietos los que les hicieron crecer.

Sí, amado lector. La incertidumbre nos hace crecer. Así crecemos en fe y maduramos.

Al final, Dios les dió algo mejor. Lo que verdaderamente anhelaban. Una patria celestial.

Pero anhelaban una mejor, esto es, celestial; por lo cual Dios no se avergüenza de llamarse Dios de ellos; porque les ha preparado una ciudad. Hebreos 11:16

Leamos los versículos 39 y 40 completos.

> *Y todos éstos, aunque alcanzaron buen testimonio mediante la fe, no recibieron lo prometido; proveyendo Dios alguna cosa mejor para nosotros, para que no fuesen ellos perfeccionados aparte de nosotros. Hebreos 11:39—40*

Dios es bueno, y al final, no te dará lo que quieres, pero algo mejor, algo, eterno, celestial.

Porque Él sabe lo que queremos pero nos da lo que necesitamos.

Él suple para nuestra necesidad de incertidumbre, y luego para nuestra necesidad de vida eterna en Su presencia.

3- Necesidades de crecimiento. Significancia.

La necesidad de sentirnos importantes, únicos.

Como seres creados, necesitamos tener la atención de otros.

Tenemos necesidades psicológicas e individuales como la autorrealización personal, la confianza, el respeto, el éxito.

Todo esto se resume en crecimiento.

Felicidad es ver crecimiento en lo que haces. Cuando emprendes negocios, ver los resultados de tus esfuerzos.

Por eso es que el estancamiento trae tanta frustración e infelicidad.

Existe una alegría y sentimiento de realización cuando ves que lo que estás haciendo está funcionando.

Tengo la oportunidad de ministrar a miles de ministros y empresarios en Latinoamérica. El sentimiento es el mismo para un empresario que tiene un negocio estancado —que no crece—, que para un pastor que cuida de una congregación estancada.

He visto a pastores enfermarse, padeciendo de presión arterial elevada, con la salud en peligro. A algunos la frustración les da por comer, y aún por otros comportamientos que les dañan. A veces amarguras y hasta falta de perdón que se traduce a problemas en la salud mental y física.

Todo esto es el resultado del estancamiento.

En las relaciones sucede lo mismo. Si una relación no está creciendo, entonces hay frustración, y de ahí vienen las iras, el rencor, las faltas de respeto y luego el rompimiento total.

Es necesario, que el ser humano crezca y dé frutos. Esto es uno de los factores más importantes para la buena salud mental.

Ansiedad en el ministerio, las relaciones y los negocios viene cuando no hay crecimiento.

El crecimiento es una necesidad básica.

Es como una planta, que es sembrada, luego la nutres, ésta toma el sol, y la riegas con agua.

Mire lo que dice Pablo.

> *Yo planté, Apolos regó; pero el crecimiento lo ha dado Dios. 1 Corintios 3:6*

Note de donde viene el crecimiento. Lo da Dios.

Dios que te conoce, suple para esta necesidad.

¿Que sucede, si aquello que estás haciendo por ya algún tiempo, definitivamente no da frutos?

Tendrás que hacer cambios. Esto es un principio empresarial y de vida.

> *Todo árbol que no da buen fruto, es*
> *cortado y echado en el fuego. Mateo 7:19*

En relaciones de la misma manera.

No estoy diciendo que si tu matrimonio no funciona, córtalo. El matrimonio es una institución santa. Sin embargo, si no hay crecimiento tendrás que buscar aquello que entorpece el crecimiento y hacer cambios, ajustes. Quitar lo que no está funcionando y reemplazarlo por otras formas, quizá cambio de hábitos, de proceder, etc...

En la iglesia de igual manera. Si no hay crecimiento, es quizá tiempo de revisar el modelo, los métodos, etc... recuerde: «El mensaje es sagrado pero no los métodos».

Recuerdo que después de haber tenido casi una década de impacto y crecimiento en el campo misionero, con una labor de la que nacieron varias iglesias y miles vinieron a Cristo, mi esposa y yo regresamos a Estados Unidos. En esta nueva etapa, plantamos una iglesia en un suburbio de San Diego en California. Los años que siguieron de pastorado fueron años difíciles, años de estancamiento, poco y lento crecimiento. A veces parecía que lo único que crecía eran los conflictos entre algunas de las familias que pastoreábamos.

Por Su gracia el Señor nos sostuvo y nos protegió a mi esposa, a mi y a nuestros hijos. Nunca hice consejería en mi casa ni recibí visitas de «hermanos» con conflictos y quejas, de manera que nuestro hogar fue un santuario que protegió la salud espiritual de nuestros hijos. Gracias a Dios.

Sin embargo, fueron años difíciles —aproximadamente una década.

Claro que uno es moldeado y formado ministerialmente en medio del fuego de la prueba, pero ese proceso no es para toda la vida. Llegó el día en que de nuevo, nuestra labor en Latinoamérica demandaba más atención de parte nuestra, y entendimos que era tiempo de hacer la transición y dedicarnos completamente a la Asociación. Esa transición trajo mucha paz. El cambio fue como bálsamo fresco.

No tenga miedo al cambio. Dios usa los cambios para ponernos en tierra fértil. Tierra de crecimiento.

El crecimiento es esencial para nuestra salud espiritual y mental.

Por la gracia de Dios, la década que siguió, para nosotros fue una de crecimiento explosivo. Especialmente estos más recientes años, donde hemos experimentado un crecimiento exponencial, y estamos agradecidos con Dios, pues estos han sido tiempos pacíficos y de tranquilidad.

Han habido pruebas, sí, claro, muchas pruebas, pero el ritmo es diferente.

Hay una diferencia muy grande entre atravesar una prueba mientras estás creciendo que lidiar con una prueba mientras estás estancado.

4- Necesidades de afiliación. Conexión (amor).

Todos necesitamos estar conectados a otros. Ya sea la conexión entre esposos por medio de intimidad, la amistad, el convivir, como las relaciones de amistad con otros seres humanos.

Esta necesidad de conexión, es una necesidad muy espiritual que Dios ha depositado dentro de nosotros, y la mayor conexión que el ser humano necesita tener es con su Creador.

Por eso Dios nos dió la oración. Por medio de esta podemos conectar con Él.

Entonces la oración es la manera en que Dios suple para esta necesidad de conexión.

Dios también nos ha dado otros medios, por los que podemos estar conectados con Él. Por medio de la lectura de Su palabra y la reflexión, podemos conocer aún Sus pensamientos. Esto nos permite tener una relación cercana e íntima con nuestro Creador.

Pero eso no es todo.

Dios puso en nosotros la necesidad de comunidad. Él no nos hizo para que estuvieramos solos.

> *Y dijo Jehová Dios: No es bueno que el hombre esté solo... Génesis 2:18*

Entonces, Dios aparte de haber creado una ayuda

idónea para el hombre (le haré ayuda idónea —dice el resto de ese versículo), también nos ha dado la habilidad de hacer amistades y reunirnos en grupos.

Esto es importante para nuestra salud espiritual y mental. Por eso Pablo nos entrega el consejo:

> *...no dejando de congregarnos...*
> *Hebreos 10:25*

Es cierto que los religiosos usan ese texto para poner culpa en los hermanos que a veces no asisten a la iglesia. Es parte de la manipulación y control que ejerce la religión.

El texto de Pablo, no es una ley. Pablo no está imponiendo una regla que sería la «obligación» a congregarnos, sin embargo nos hace una sugerencia, nos da un consejo.

¿Por qué?

Porque fuimos creados para vivir en comunidad.

Uno de los síntomas más obvios en una persona que está deprimida es que tiende a apartarse de otros, a estar sola. Luego la soledad produce más depresión y esto se convierte en un círculo vicioso.

Aunque la depresión no siempre conduce a la soledad, sentirse solo a menudo es un predictor de depresión un año o incluso dos años después, y ciertamente conduce a la tristeza, dice el Dr. Hawkley. Liberarse de sentimientos de aislamiento por la depresión es parte del proceso de sanidad[8].

Entonces, estar desconectados, aislados, verdaderamente no es saludable. La manera de romper con ese mal, es acercándonos a otros, teniendo conexión.

Dios ha suplido para esta necesidad por medio de un organismo que Él creó, que se llama Iglesia o Cuerpo de Cristo. Es dentro de esta conexión que podemos crecer juntos.

> *...y sometió todas las cosas bajo sus pies, y lo dio por cabeza sobre todas las cosas a la iglesia, la cual es su cuerpo, la plenitud de Aquel que todo lo llena en todo. Ef 1:22,23*

> *...de quien todo el cuerpo, bien concertado y unido entre sí por todas las coyunturas que se ayudan mutuamente, según la actividad propia de cada miembro, recibe su crecimiento para ir edificándose en amor. Ef 4:16*

5- Contribución.

Alguien dijo que «el secreto de vivir es dar[9]».

Verdadero gozo viene cuando construyes más allá de ti mismo.

Winston Churchill dijo: «Nos ganamos la vida con lo que obtenemos. Hacemos una vida por lo que damos».

Dios puso en nosotros los seres humanos la necesidad de contribuir. Por eso es que hay un gozo que no se puede conseguir de ninguna otra manera.

Es cuando aportas, cuando añades valor a la sociedad, a quienes viven a tu alrededor, que verdaderamente experimentas ese gozo tan especial.

Recuerdo décadas atrás, en los días de las cruzadas evangelísticas, que siempre tuve una frustración. Esa frustración fue creciendo durante años y llegó al punto en que cambios radicales tuvieron que suceder en nuestra vida y ministerio para transformarnos a lo que hoy somos, un ministerio que está en paz porque sabe que está asentado en el centro del propósito para el que Dios nos ha llamado —para Su gloria.

En esos tiempos rentabamos un estadio o una plaza de toros, se hacía publicidad e invitábamos a las iglesias de una ciudad a trabajar juntas. Durante las noches de cruzada, un coro cantaba desde la plataforma y luego yo venía y entregaba el mensaje de salvación.

Sí, muchos venían a Cristo, sin embargo, sabía que algo faltaba, algo no estaba bien.

El mensaje de salvación es para los que no conocen a Cristo. Se supone de debíamos estar atrayendo al estadio a personas no creyentes, sin embargo por lo regular, de 85 a 90% de los que atendían a las cruzadas ya eran cristianos. Era como si estuviéramos teniendo un servicio de iglesia pero en el estadio y esto a mi me frustraba.

¿Cómo sería posible que lográramos atraer a los no creyentes?

Esta frustración en mi creció, al punto de crisis, hasta el día en que el Señor habló a mi vida por medio de Isaías 58.

Exactamente estos versículos:

> *¿No es más bien el ayuno que yo escogí, desatar las ligaduras de impiedad, soltar las cargas de opresión, y dejar ir libres a los quebrantados, y que rompáis todo yugo? ¿No es que partas tu pan con el hambriento, y a los pobres errantes albergues en casa; que cuando veas al desnudo, lo cubras, y no te escondas de tu hermano? Entonces nacerá tu luz como el alba, y tu salvación se dejará ver pronto; e irá tu justicia delante de ti, y la gloria de Jehová será tu retaguardia... y si dieres tu pan al hambriento, y saciares al alma afligida, en las tinieblas nacerá tu luz, y tu oscuridad será como el mediodía. Isaías 58:6—8,10*

Mi problema con el modelo de cruzada tradicional era que solamente estaba saciando una necesidad. La necesidad del alma.

Predicábamos a Cristo, el mensaje traía solución espiritual y esperanza de salvación, pero no estábamos cubriendo otra necesidad humana básica: «el dolor actual».

Estábamos dejando al hambriento con hambre. Aunque le dijéramos que Cristo los ama, no lo estábamos demostrando.

Todo cambió cuando entendí la importancia de (1) partir el pan con el hambriento y (2) saciar al alma afligida.

A partir de ese punto comenzamos a sembrar (dar) con anticipación en cada ciudad donde se hacen proyectos evangelísticos.

Por meses, antes de un festival comenzamos a enviar brigadas médicas, instalamos programas para ayudar a los pobres y necesitados en cada ciudad. También en los estadios instalamos carpas, unas con odontólogos, otras con médicos, otras con ayuda inmediata a una gama de necesidades que operaran durante el día y en la tarde les compartimos el mensaje de salvación.

Como resultado, comenzamos a ver el cambio de audiencia. Ahora 85 a 90% de los asistentes al estadio son no creyentes. Gente agradecida porque ya los habíamos amado, y habíamos invertido en sus vidas desinteresadamente.

He visto un equipo de gente que se siente realizada, que trabaja con gran gozo, y esto, porque estamos haciendo una contribución. Estamos contribuyendo al bienestar de cada ciudad a donde vamos. Y esto trae un gozo increíble.

Hoy, ya cuando nos preparamos para celebrar 4 décadas de ministerio, mi trabajo mayormente es invertir en la vida de otros.

Por ejemplo. El año pasado, viendo la situación que enfrenta la amada Venezuela, pudimos crear 1,000 becas para equipar líderes venezolanos para el trabajo del ministerio.

Estos hermanos venezolanos han tomado esta bendición muy en serio. A veces he experimentado lágrimas de gozo de solo leer sus cartas de gratitud.

Hace aproximadamente 5 años fuimos a una ciudad a sostener un proyecto. La ciudad tenía un hermoso estadio, pero el estacionamiento no tenía capacidad para un evento grande.

Nos movilizamos y conseguimos la inversión, y pudimos construir un estacionamiento para el estadio. Esto fue un bien que dejamos en la ciudad, el cual iba a beneficiar a los locales por mucho tiempo después que el proyecto de festival concluyera.

Pudiera poner muchos más ejemplo, y hasta parecería que nos estamos vanagloriando, o presumiendo de ser generosos, pero créame, lo que estoy haciendo es queriendo motivarle a que se convierta en un dador.

Al dar, estará ejercitando una gran libertad, motivando a otros y su necesidad de contribuir estará siendo suplida —su salud mental aumentará.

Pablo nos menciona dos ciudades que eran dadoras e invertían para el bienestar de otras ciudades. Estas servían de ejemplo o motivaban a otras.

> *...pues conozco vuestra buena voluntad, de la cual yo me glorío entre los de Macedonia, que Acaya está preparada desde el año pasado; y vuestro celo ha estimulado a la mayoría. 2 Corintios 9:2*

¿Cuál es el resultado de esa generosidad?

Y poderoso es Dios para hacer que abunde en vosotros toda gracia, a fin de que, teniendo siempre en todas las cosas todo lo suficiente, abundéis para toda buena obra... 2 Corintios 9:8

Cuando usted es un dador, su estima y salud mental se fortalece. Una persona generosa es una persona realizada y gozosa.

Ahora que he hablado de necesidades básicas que es necesario sean cubiertas, pasaré a compartir con usted sobre el peor agente inductor de ansiedad —de acuerdo a mi experiencia*— y como vencerlo paso por paso por medio de algunos ajustes prácticos que podemos hacer para convertir la ansiedad en una oportunidad para crecer en nuestra paz y seguridad para estar siempre gozosos, aun en el día de la prueba.

*Digo «de acuerdo a mi experiencia», pues no estoy estableciendo una definición médica o científica. Psicólogos, psiquiatras, y profesionales expertos en la materia —especialmente en depresión y ansiedad diagnosticados clínicamente— pudieran clasificar otras causas como mayores inductores o influyentes, inclusive con grandes diferencias si se estudian de caso a caso. Por eso siempre digo a mis lectores y audiencia que busquen ayuda profesional en todo lo que sea posible. Mi experiencia es muy personal, y las causas que expongo son conforme a mi experiencia de vida, entendimiento teológico y mi relación con Dios. Confío que muchos se identifiquen conmigo y pudieran en estos textos encontrar ayuda, pero no pretendo usurpar el lugar que sólo médicos y científicos pueden ocupar.

10

ACEPTOS

Destruyendo el miedo al rechazo

En un capítulo anterior le mencioné la sabia frase que un día leí de R.T. Kendall[10] que dice así: «la mayor libertad es no tener nada que demostrar».

Los seres humanos tenemos la tendencia de «gastar dinero que no tenemos, comprando cosas que no necesitamos, para impresionar a personas a quienes no les interesa[11]».

Gastamos mucha energía, haciendo cosas para impresionar a los demás. Quizá para obtener reconocimiento, respeto o aceptación.

Algunas de esas cosas tienden a presionarnos mucho. Y, existe el miedo al rechazo. Que alguien pueda reírse o incluso criticar lo que nosotros podríamos ver como un logro. Imagínese el aumento de estrés y ansiedad que esto trae.

Trabajamos para perfeccionar las cosas, debido a los miedos mencionados anteriormente. Nos convertimos en perfeccionistas por miedo.

Entonces esa cosa, ese proyecto, cuando se completa, pasa desapercibido, no produjo los resultados esperados, elogios o incluso ingresos, y usted puede decepcionarse e incluso caer en depresión por un corto tiempo, pero al final, cuando el tiempo pasa y mira hacia atrás, se da cuenta de que todo ese tiempo y energía, la preocupación y el estrés que invirtió en ese proyecto no valió la pena.

Lo que intento decir con todo esto es que «podemos crear las condiciones perfectas para una ansiedad innecesaria».

Aprobación y aceptación

En realidad la única aprobación y aceptación que necesitamos es la que Dios nos puede dar, y Dios ya nos ha aceptado y aprobado tal como somos, antes que hagamos algo.

> *...sino que según fuimos aprobados por Dios para que se nos confiase el evangelio, así hablamos; no como para agradar a los hombres, sino a Dios...*
> *1 Tesalonicenses 2:4*

Si vives tratando de recibir la aprobación de los hombres jamás serás muy feliz. Toma mucha energía seguir tratando de buscar aceptación.

La única aceptación que realmente necesitamos es la de Dios, y ya Él «nos hizo aceptos en el Amado (Efesios 1:6)».

Cuando cambiamos nuestra perspectiva en esto, entonces haremos las cosas con las motivaciones correctas.

Ajuste práctico

Hacer un ajuste práctico en este caso podría significar que no tenemos que tomar todos los proyectos, y cuando decidimos tomar un proyecto, es una buena idea asegurarnos de hacerlo por las razones correctas. No porque queremos impresionar a otros, no porque queremos ganar reconocimiento o respeto.

PRONTO AUXILIO

DIOS ES NUESTRO AMPARO Y FORTALEZA,
NUESTRO PRONTO AUXILIO EN LAS
TRIBULACIONES. SALMOS 46:1

11

LA SUMA DE TODO

Examinadlo todo; retened lo bueno.
1 Tesalonicenses 5:21

Quizá mucha de las cosas que he escrito dentro de capítulos anteriores, no apliquen directamente a tu vida. Sin embargo hay presiones en la vida que nos afectan a casi todos, como proveer para una familia, criar hijos pequeños, cuidar a familiares ancianos o enfermos, etc...

Mi consejo entonces es que tomes los principios que aplican directamente tu vida, anótalos y medita en ello. Pon más atención a aquello que te puede ayudar.

Aparte de los consejos que son espirituales, para los cuáles cité textos Bíblicos, existen prácticas sencillas que pueden ayudar con la ansiedad, por ejemplo, hacer ejercicios, tener una saludable alimentación, dormir las horas necesarias, alejarme de personas conflictivas, etc...

A veces la suma de varios ajustes pequeños forman un solución, entonces prestemos atención a todas estas cosas, como dice Pablo: «Examinadlo todo; retened lo bueno».

Yo diría, retened la suma de todo lo bueno.

Ayuda profesional

En más de una ocasión durante el libro he dejado claro que estoy a favor de buscar ayuda profesional.

La ansiedad no es en todos el resultado de presiones o desajustes espirituales.

Muchas veces, nuestras emociones pueden haber sido dañadas de tal manera que necesitemos ayuda profesional —alguien capacitado que camine con nosotros y nos aconseje para ayudarnos a salir adelante.

Un profesional pudiera ser un psicólogo, un psiquiatra, o un terapista certificado.

Aparte de emociones dañadas, a veces la ansiedad puede tener razones químicas o genéticas.

A veces pueden haber desajustes en ciertas químicas en nuestras neuronas, o algo heredado de nuestros antepasados. De hecho, se han realizado estudios que indican que ciertos grupos que comparten ciertos tipos de ADN son más dados a la depresión y la ansiedad que otros[12][13][14].

Medicamentos

¿Está bien que un cristiano tome medicamentos para la ansiedad?

Aunque parezca ridículo, este tipo de preguntas todavía es hecha en conferencias y reuniones cristianas.

La respuesta es: Sí. Sí está bien que un cristiano

tome medicamentos para la ansiedad, siempre que sean recetados por un Doctor especializado en esta rama de la medicina.

Por mucho tiempo ha existido un estigma en cuanto a las enfermedades de la mente.

Eso está cambiando rápidamente, pero es necesario que la duda sea aclarada aún aquí.

Conozco buenos cristianos —algunos aún ministros— que sirven a Dios y toman medicamentos para la ansiedad o la depresión. Estos llevan una vida normal en tranquilidad y gozo.

Claro que Dios te puede sanar sobrenaturalmente, pero Dios también usa a los médicos. Él es el creador de las plantas y sustancias que se usan para producir dichos medicamentos.

Entonces, si necesita buscar ayuda médica, hágalo.

Es la suma de todas las cosas que le pueden ayudar lo que al final hará la diferencia.

1 2

LECTURA Y ORACIÓN

Cuando hablamos de disciplinas cristianas siempre incluimos leer la Biblia y orar. Este es el sermón que más oímos de la boca del pastor. Ora y lee la Biblia. Sin embargo hay mucho que hablar sobre el tema y mucho que aprender en cuanto a cómo la lectura y la oración son bálsamos para la ansiedad.

La lectura

Mire lo que Pablo le aconseja a su hijo espiritual.

Entre tanto que voy, ocúpate en la lectura, la exhortación y la enseñanza.
1 Timoteo 4:13

Ocúpate de la lectura —antes que de la exhortación y la enseñanza.

La exhortación se pudiera interpretar como la predicación inspiracional. Aquél que cuando habla motiva, inspira y mueve a otros.

La enseñanza tiene más que ver con la exégesis

que involucra una interpretación crítica y completa de un texto.

Antes de poder predicar o enseñar, Pablo aconseja a Timoteo que se ocupe de la lectura.

Entonces (como dije antes), si paz puede ser multiplicada por medio del conocimiento de Dios (2 Pedro 1:2). La manera más perfecta de conocer a Dios y por ende multiplicar nuestra paz, es por medio de leer lo que Él dice en Su palabra.

Hay métodos que podemos adoptar en nuestra costumbre de leer la Biblia.

Por ejemplo. La *Asociación Billy Graham* aconseja el siguiente método[15]:

- En primer lugar, lea cada día un capítulo del evangelio de Juan. El libro de Juan es el cuarto libro del Nuevo Testamento y le ayudará a comprender lo que Jesús hizo por nosotros y las razones por las que debemos creer en Él. (La Biblia, por lo general, tiene un índice de libros).

- En segundo lugar, lea el libro de los Hechos donde se registra la emocionante historia de cómo los primeros discípulos de Jesucristo le hablaron a otros de su muerte y resurrección.

- En tercer lugar, lea las cartas que los apóstoles de Jesucristo escribieron a los primeros seguidores, los cuales eran nuevos en la fe. Estas cartas abarcan desde el libro de Romanos hasta 3 de Juan.

- Y en cuarto lugar, regrese y lea uno de los otros tres evangelios: Mateo, Marcos o Lucas.

Aunque este consejo parece estar enfocado más a nuevos creyentes, puede ser muy útil.

Existen varios métodos para leer la Biblia. No soy muy partidario de los métodos de leer la Biblia en un año. Para nuevos creyentes pudiera convertirse en una especie de obligación —una imposición con la que se tiene que cumplir— y no creo que sea este el enfoque correcto.

Además, estarías leyendo el Antiguo Testamento antes de comprender bien de qué se trata el Nuevo Pacto, y estoy pudiera producir en nuevos creyentes una confusión entre ley y gracia.

Yo aconsejaría que comience por el Nuevo Testamento.

El Nuevo Testamento encarna y engulle todo lo que estaba en el Antiguo Testamento. Resume el contenido del Antiguo Testamento y nos lleva a la plenitud de la revelación de Dios a la humanidad. Entonces debes pasar más tiempo estudiando el Nuevo Testamento porque explica el Antiguo Testamento.

No se sienta presionado por completar cierta cantidad de textos. Avance a su propio paso. Lo importante es asimilar lo que está leyendo.

Presento al final de este capítulo información sobre la *Guía para leer y entender la Biblia: Sin prisa, sin presión y con buen ritmo.* Sin embargo, usted puede con el tiempo ir desarrollando su propio sistema.

La oración

Dejé el tema de la oración para lo último porque creo que es el más importante de todos.

Como el Señor en la bodas de Caná. El mejor vino para lo último (Jn 2:1—10).

Regresemos al texto.

> *Por nada estéis afanosos, sino sean conocidas vuestras peticiones delante de Dios en toda oración y ruego, con acción de gracias. Filipenses 4:6*

Esto es lo primero y lo más importante. Traerle nuestra ansiedad a Dios en oración. ¿Por qué?

Porque Él ha prometido que tendrá cuidado de nosotros.

> *...echando toda vuestra ansiedad sobre él, porque él tiene cuidado de vosotros. 1 Pedro 5:7*

Él ha prometido que tendrá cuidado de nosotros, entonces lo que está de nuestra parte es traer nuestra ansiedad a Él.

Pero no paremos ahí.

Hagamos de la oración una práctica continua, diaria, de manera que podamos permanecer en un ritmo de comunión con Dios.

¿Cómo podemos hacer esto?

Aunque Dios te escucha, aún cuando haces una oración corta —y es importante hacer oraciones cortas— cuando conduces tu auto, cuando caminas, a la hora de tu receso en el trabajo, etc... también es importante crear la disciplina de apartar un tiempo sólo para la oración, en un lugar donde hay quietud.

Yo creo que la quietud y el silencio son importantes para hablar con Dios y para que Él nos hable.

¿Cómo se comunica Dios con nosotros?

Dios se comunica con su pueblo de muchas maneras: Su palabra, el Espíritu Santo (Juan 14: 15-31), sueños (Génesis 37), visiones (Génesis 15), su voz (Éxodo 4), una zarza ardiente (Éxodo 3), un burro parlante (Números 22), y a través de Sus mensajeros los ángeles (Lucas 1).

Pedro, Pablo y Juan tuvieron experiencias personales de oración:

- La visión de Pedro descrita en Hechos 10: 9-16
- Pablo relata haber sido llevado al tercer cielo (2 Corintios 12: 2-4)
- La experiencia de Juan que nos trajo el último libro de la Biblia (Apocalipsis 1:9)

Quizá la forma en que escuchamos de Dios es menos importante que la idea de que Él se comunica con nosotros a través de Su palabra y otros medios. Las experiencias fuera de la Biblia deben ser probadas contra lo que sabemos de Su carácter y lo que se afirma en Su palabra. Si el mensaje entra en conflicto con Su palabra o carácter, el mensaje no es de Dios.

> *Jesucristo es el mismo ayer, hoy y siempre... Hebreos 13:8*

La oración junto a la meditación Bíblica

El autor y pastor Tim Keller[16] defiende la oración con meditación entrecruzando teología, experiencia y oración. Keller dice: «La mediación bíblica significa primero pensar tu teología, trabajar en tu teología y orar tu teología». Continúa diciendo que si haces esas cosas, «tu teología se entrelazará con tu experiencia».

¿Cómo orar y meditar Bíblicamente?

Comienza por la lectura meditativa

1- Encuentra un lugar tranquilo y cómodo para leer y orar, un lugar libre de interrupciones o distracciones. Tal como lo hizo Jesús cuando se retiró de las multitudes para orar (Marcos 1:35).

> *Mas tú, cuando ores, entra en tu aposento, y cerrada la puerta, ora a tu Padre que está en secreto; y tu Padre que ve en lo secreto te recompensará en público. Mateo 6:6*

2- Elige el contenido, pasaje o capítulo de la Biblia donde estás estudiando y alimenta tu alma con la palabra que estás leyendo. Usa tu concordancia para encontrar versículos similares o que se relacionan. Aplica lo que lees preguntando: «¿Cómo aplica este texto a mi vida o situación?».

Escudriñad las Escrituras; porque a vosotros os parece que en ellas tenéis la vida eterna; y ellas son las que dan testimonio de mí... Juan 5:39

3- Léelo, piensa y reflexiona, despacio y con calma.

Estudia constantemente este libro de instrucción. Medita en él de día y de noche para asegurarte de obedecer todo lo que allí está escrito. Solamente entonces prosperarás y te irá bien en todo lo que hagas. Josué 1:8 (NTV)

Habla con Dios

4- Habla con Dios en tus propias palabras, sencillamente. No uses vanas repeticiones.

Y orando, no uséis vanas repeticiones... Mateo 6:7

5- Ora en el nombre de Jesús.

Y todo lo que pidiereis al Padre en mi

nombre, lo haré, para que el Padre sea glorificado en el Hijo. Juan 14:13

6- Ora con humildad en el conocimiento de quién es Dios y quién eres tú.

Y cuando ores, no seas como los hipócritas; porque ellos aman el orar en pie en las sinagogas y en las esquinas de las calles, para ser vistos de los hombres... Mateo 6:5

7- Expresa en tu oración agradecimiento. Ora con acción de gracias.

Entrad por sus puertas con acción de gracias... Salmos 100:4

...en toda oración y ruego, con acción de gracias. Filipenses 4:6

8- Permite que lo que lees pase de la cabeza al corazón.

Quédate quieto, haz silencio, sólo sé. Espera.

Guarda silencio ante Jehová, y espera en él. Salmos 37:7

Recuerda que la escrituras revelan a Jesús. En tu tiempo de oración y meditación en su palabra, Jesús es el centro.

Mantén tu mente y pensamientos en Jesús. Él te

guarda en completa paz cuando tu mente está en Él.

Tú guardarás en completa paz a aquel cuyo pensamiento en ti persevera; porque en ti ha confiado. Isaías 26:3

A medida que practicas la oración en tu diario vivir, notarás una transformación en tu vida. Su paz —que sobrepasa todo entendimiento te cubrirá más y más.

Vemos de nuevo el orden.

Por nada estéis afanosos, sino sean conocidas vuestras peticiones delante de Dios en toda oración y ruego, con acción de gracias. Y la paz de Dios, que sobrepasa todo entendimiento, guardará vuestros corazones y vuestros pensamientos en Cristo Jesús. Filipenses 4:6,7

Ese es el orden. En lugar de quedarnos en ansiedad, hagamos conocer nuestras peticiones delante de Dios en toda oración y ruego, con agradecimiento. Entonces Él promete que la paz que sobrepasa todo entendimiento guardará tu corazón.

En esa paz, no hay preocupación que te pueda disturbar. En medio de esa paz desaparece el miedo. Es una paz sobrenatural, que quizá no se pueda explicar, pero es real.

Como dije anteriormente, Dios ha usado la ansiedad para acercarme a Él y poder conocerle mejor —cada día más.

Es mi oración que tu lucha con la ansiedad haya servido para traerte aquí, a los pies de la cruz. Donde Jesus te ha estado esperando con los brazos abiertos para tomar todas tus cargas y darte paz y contentamiento.

Recuerda sus palabras.

> *...porque mi yugo es fácil, y ligera mi carga. Mateo 11:30*

¿QUÉ SIGUE?

Mi objetivo en este sencillo libro ha sido introducir los conceptos que ya hemos leído para entender de donde viene la ansiedad y entender cómo Dios ha ya suplido para cada una de nuestras necesidades básicas.

También he tratado de ayudarle a hacer algunos ajustes prácticos y ofrecer ayuda en el espacio que este número de páginas me ha permitido. Sin embargo esto no es todo. Este volumen es parte de la serie *Matando a los dragones: Venciendo la ansiedad*, y a continuación le presento los otros libros donde tocamos cada una de la áreas donde podemos crecer, de manera que añadiendo el conjunto de todo a nuestro estilo de vida, podamos vivir completamente victoriosos sobre la ansiedad, caminando en un continuo ritmo de paz y contentamiento.

Vivir Sin Ansiedad: Cómo conquistar la angustia, el miedo y la preocupación para vivir en un ritmo de paz y contentamiento

La ansiedad es uno de los mejores regalos que he recibido en mi vida. Ha sido el instrumento que Dios ha usado para llevarme a descubrir la paz que sobrepasa todo entendimiento.

En este libro comparto mis luchas, retos y estragos. También las verdades que me han llevado de la ansiedad a una vida de paz y contentamiento.

Caminaré contigo esta jornada y juntos veremos caer a cada dragón que te ha angustiado —hasta que tu experiencia sea como la mía.

Lentitud Deliberada: De la ansiedad que produce la prisa a la paz que sobrepasa todo entendimiento

La ansiedad tiene que ver con el futuro. Con algo que no ha sucedido. Ésta nos presiona a ir más rápido de lo que es natural.

Sea la inexplicable urgencia interior que nos impulsa a andar de prisa, o la presión externa que viene de la sociedad —aquellos que nos rodean— la prisa nos sacará del presente, robando de nosotros toda tranquilidad.

En mi victoria sobre la ansiedad, una de las cosas más importantes que he aprendido en el proceso, ha sido la eliminación de toda prisa en mi diario vivir.

Disciplinas Esenciales para Vencer la Ansiedad

Lo contrario a la ansiedad es paz y contentamiento.

Paz es tranquilidad. Cuando tu espíritu está reposado, libre de temores, prisa, intranquilidad.

Eso es felicidad —cuando estamos contentos en el estado presente. Separados de ambiciones, preocupaciones o presiones externas —contentos con lo que tenéis ahora (Heb 13:5).

En este sencillo volumen, presento un número de disciplinas. Estas son prácticas que nos permiten crecer en la paz que el Señor ya nos ha dado —la paz que sobrepasa todo entendimiento.

Guía para Leer y Entender la Biblia: Sin prisa, sin presión y con buen ritmo

Esta guía para leer y entender la palabra de Dios forma parte de esta serie, y el objetivo principal de la misma es simplificar la lectura de manera que podamos disfrutar y comprender más lo que leemos sin la presión de tener que completar una cantidad de textos diarios.

Es mi oración que esta guía sea de ayuda a su vida y que Dios la use para traerle a un ritmo de continua paz —la paz que sobrepasa todo entendimiento.

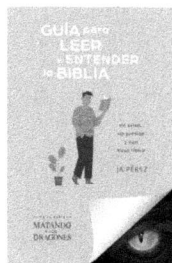

Más información sobre esta serie y otros recursos relacionados en: **japerez.com/ansiedad**

Notas:

1. *R. T. Kendall «la mayor libertad es no tener nada que demostrar».*
R. T. Kendall: Total Forgiveness, Totally Forgiving Ourselves, Totally Forgiving God. ISBN: 9781473682603 John Murray Press, 2018.
2. *Más del 85% de lo que nos preocupan, nunca sucederán. En un estudio, el 85% de lo que preocupaba a los sujetos nunca sucedió, y con del 15% que sucedió, el 79% de los sujetos descubrió que podían manejar la dificultad mejor de lo esperado, o la dificultad les enseñó una lección que vale la pena aprender. Esto significa que el 97% de lo que te preocupa no es mucho más que una mente temerosa que te castiga con exageraciones y percepciones erróneas.*
Joseph Goewey, Thought Attacks Cause Heart Attacks. https://donjosephgoewey.com/thought-attacks-cause-heart-attacks/ (Capturado Febrero 14, 2020).
3. *Michel de Montaigne. Escritor y filosofo frances. 1533—1592.*
https://www.britannica.com/biography/Michel-de-Montaigne (Capturado Febrero 14, 2020).
4. *La Pirámide de Maslow.*
La escala de las necesidades de Maslow se describe a menudo como una pirámide que consta de cinco niveles: los cuatro primeros niveles pueden ser agrupados como «necesidades de déficit (primordiales); al nivel superior lo denominó «autorrealización», «motivación de crecimiento», o

«necesidad de ser». *"La diferencia estriba en que mientras las necesidades de déficit pueden ser satisfechas, la necesidad de ser es una fuerza impelente continua"*.

La idea básica de esta jerarquía es que las necesidades más altas ocupan nuestra atención sólo cuando se han satisfecho las necesidades inferiores de la pirámide. Las fuerzas de crecimiento dan lugar a un movimiento ascendente en la jerarquía, mientras que las fuerzas regresivas empujan las necesidades prepotentes hacia abajo en la jerarquía.

Referencias: La Pirámide de Maslow. 24 May 2012 por Katherine Carolina Acosta Oviedo https://www.eoi. es/blogs/katherinecarolinaacosta/2012/05/24/la-piramide-de-maslow/ (Capturado Enero 30, 2020).

5. Pirámide de Maslow Pablo Sevilla Arias https://economipedia.com/definiciones/piramide-de-maslow.html (Capturado Enero 30, 2019).

6. Las 7 necesidades humanas básicas en las que se enfocan los negocios exitosos.

La clave para tener un negocio exitoso es entender el concepto de necesidades personales: las tuyas y las de tus clientes. https://www.entrepreneur.com/article/338382

(Capturado Enero 30, 2020).

7. En el marco del desarrollo a escala humana ideado por Manfred Max-Neef, Antonio Elizalde y Martin Hopenhayn, las necesidades humanas se abordan desde una ontológica (propia de la condición del ser humano), siendo pocas, finitas y bien clasificables (a diferencia de la idea económica convencional que defiende que son infinitas e insaciables).

https://es.wikipedia.org/wiki/Necesidades_humanas_fundamentales (Capturado Enero 30, 2020).

8. Aunque la depresión no siempre conduce a la soledad, sentirse solo a menudo es un predictor de depresión un año o incluso dos años después, y ciertamente conduce a la tristeza, dice el Dr. Hawkley. Liberarse de sentimientos de aislamiento por la depresión es parte del proceso de sanidad.

Dealing With Depression and Loneliness. By Madeline R. Vann, MPH. Medically Reviewed by Pat F. Bass III, MD, MPH. https://www.everydayhealth.com/hs/major-depression/depression-feeling-lonely/ (Capturado Febrero 3, 2020).

9. "The secret to living is giving" —Tony Robbins, MONEY Master the Game: 7 Simple Steps to Financial Freedom p. 588.

10. R. T. Kendall «la mayor libertad es no tener nada que demostrar».

R. T. Kendall: Total Forgiveness, Totally Forgiving Ourselves, Totally Forgiving God. ISBN: 9781473682603 John Murray Press, 2018.

11. Frase inspirada por un artículo publicado en 1928 por Robert Quillen. Originalmente:

«Americanism: Using money you haven't earned to buy things you don't need to impress people you don't like.» 1928 June 4, The Detroit Free Press, Paragraphs by

Robert Quillen, Quote Page 6, Column 4, Detroit, Michigan. (Newspapers_com).

12. Genetics Factors in Major Depression Disease. Maria Shadrina, Elena A. Bondarenko,* and Petr A. Slominsky https://www.ncbi.nlm.nih.gov/pmc/articles/PMC6065213/ (Capturado Febrero 11, 2020).

13. Genes and Treatment for Depression and Anxiety
Doctor Daniel Pine estimates that approximately 30-50% of the risk for anxiety and depression is genetic. Genetic treatments are an exciting area of research currently. https://dnalc.cshl.edu/view/2293-Genes-and-Treatment-for-Depression-and-Anxiety.html (Capturado Febrero 11, 2020).

14. Major Depression and Genetics
By: Douglas F. Levinson, M.D., Walter E. Nichols, M.D. Professor in the School of Medicine.
Department of Psychiatry and Behavioral Sciences http://med.stanford.edu/depressiongenetics/mddandgenes.html (Capturado Febrero 11, 2020).

15. Como Leer y Entender la Biblia March 27, 2019 https://billygraham.org/espanol/como-leer-y-entender-la-biblia/ (Capturado Febrero 13, 2020).

16. Keller on Quiet Times, Mysticism, and the Priceless Payoff of Prayer. October 21, 2014
https://www.thegospelcoalition.org/article/tim-keller-on-prayer/ (Capturado Febrero 13, 2020).

Trasfondo

JA Pérez

Escritor, humanitario y precursor de movimientos de cosecha en América Latina.

Ha escrito libros en varios géneros, como teología, escatología, liderazgo, y sobre temas para la familia y los retos de la vida cotidiana.

Además, sostiene conferencias para líderes donde asiste a intelectuales, así como a iletrados, en la adquisición de destrezas esenciales y soluciones pragmáticas para comunicar esperanza con valentía en entornos complejos, y a veces hostiles.

Sus concentraciones masivas y misiones humanitarias han atraído grandes multitudes durante años.

Él, su esposa y sus tres hijos, viven en un suburbio de San Diego en California, desde donde se coordinan todos los proyectos de la asociación que lleva su nombre.

OTROS LIBROS
por JA Pérez

JA Pérez ha escrito varios
libros y manuales de
entrenamiento. Todos sus
libros están disponibles en
Amazon.com así como
en librerías y tiendas
mundialmente. Libros
con temas para la familia,
empresa, liderazgo,
economía, profecía bíblica,
devocionales, inspiracionales,
evangelismo y teología.

Varios Temas

Crecimiento Espiritual, Teología, Principios de Vida y Relaciones

Ficción

EL INDIGENTE

JA PÉREZ

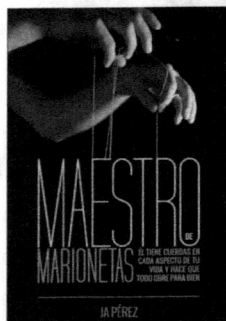

Los Profetas de Gúlumm

LAS CIUDADES DEBAJO DE LA TIERRA

JA PÉREZ

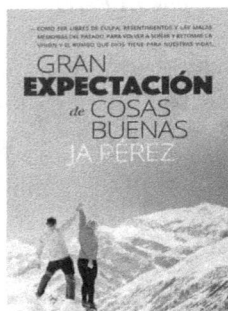

GRAN EXPECTACIÓN de COSAS BUENAS

JA PÉREZ

LA MUERTE
y cómo librarte de ella

JA PÉREZ

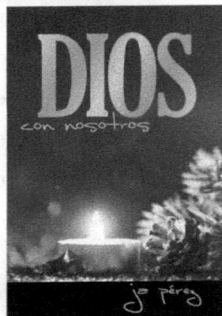

MAESTRO de MARIONETAS

ÉL TIENE CUERDAS EN CADA ASPECTO DE TU VIDA Y HACE QUE TODO OBRE PARA BIEN

JA PÉREZ

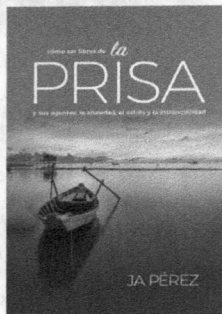

cómo ser libres de la PRISA

JA PÉREZ

FELIZ

JA PÉREZ
LIBRO INTERACTIVO

DIOS con nosotros

ja pérez

JESÚS
pregunta

JA PÉREZ

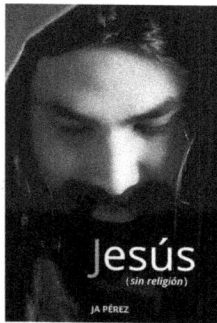

Jesús
(sin religión)

JA PÉREZ

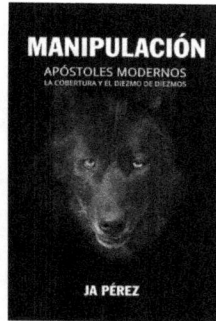

MANIPULACIÓN
APÓSTOLES MODERNOS
LA COBERTURA Y EL DIEZMO DE DIEZMOS

JA PÉREZ

**POETAS,
PROFETAS,
Y OTROS
CON IMA-
GINACIÓN**

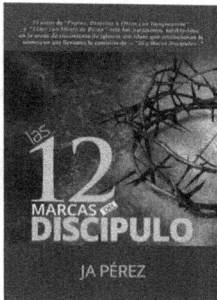

las
12
MARCAS DEL
DISCÍPULO

JA PÉREZ

100

J.A. PÉREZ

Finanzas

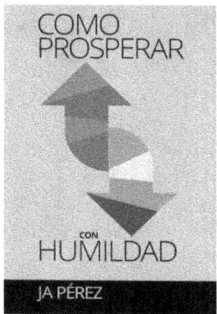

COMO
PROSPERAR

CON
HUMILDAD

JA PÉREZ

**GANADO
PLATA
Y ORO**

LAS 40 REGLAS ESPIRITUALES
ESENCIALES PARA EL
DESARROLLO EMPRESARIAL

JA PÉREZ

Profecía Bíblica

**40
PROFECÍAS
CUMPLIDAS**

J.A.PÉREZ

EL
FIN

ESTADO PROFÉTICO DE LAS NACIONES

J.A. PÉREZ

Liderazgo
Empresa, Gobierno y Diplomacia

LIDERAZGO
IRREVOCABLE

JA PÉREZ

LIDERAZGO
INTELIGENTE

JA PÉREZ

LIDERAZGO
y CONSORCIOS

JA PÉREZ

LIDERAZGO
y GOBIERNOS

JA PÉREZ

LIDERAZGO
PRODUCTIVO

JA PÉREZ

LIDERAZGO
y CAPITAL INFLUYENTE

JA PÉREZ

LIDERAZGO
INSPIRACIONAL

JA PÉREZ

LIDERAZGO
TRANSPARENTE

JA PÉREZ

LIDERAZGO
y SISTEMAS

JA PÉREZ

LIDERAZGO
y DESARROLLOS

JA PÉREZ

LIDERAZGO
INVISIBLE

JA PÉREZ

LIDERAZGO
y LEGADO

JA PÉREZ

Evangelismo y Misiones

Discipulado para Nuevos Creyentes y Estudios de Grupos

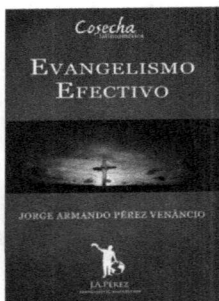

Crecimiento
Inspiración y Creatividad

Clásicos
Vida cristiana, familia y relaciones.

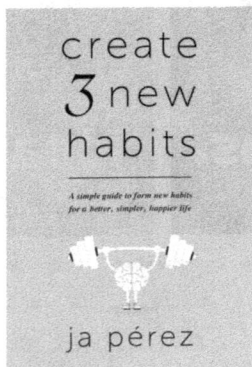

create
3 new
habits

*A simple guide to form new habits
for a better, simpler, happier life*

ja pérez

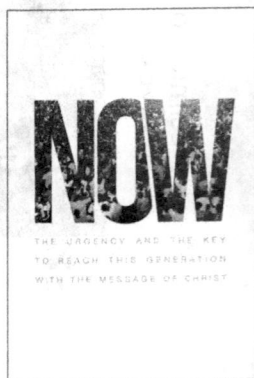

NOW

THE URGENCY AND THE KEY
TO REACH THIS GENERATION
WITH THE MESSAGE OF CHRIST

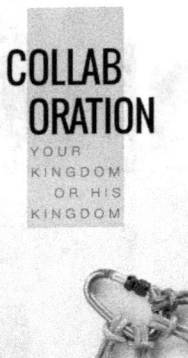

**COLLAB
ORATION**

YOUR
KINGDOM
OR HIS
KINGDOM

COLLABORATION
101
for EVANGELISTS

COLLABORATION
101
for CHURCHES

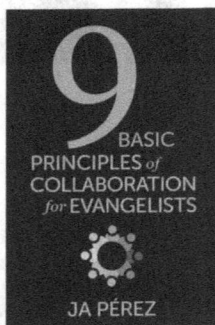

9
BASIC
PRINCIPLES *of*
COLLABORATION
for EVANGELISTS

JA PÉREZ

Festivals and
Celebrations

Together | Collaborate

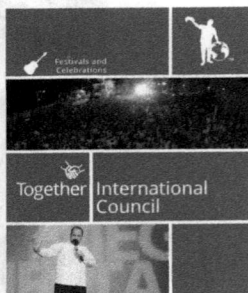

Festivals and
Celebrations

Together | International
Council

CONTACTE / SIGA AL AUTOR

Blog personal y redes sociales

japerez.com

@porJAPerez

facebook.com/porJAPerez

Asociación JA Pérez

japerez.org

TISBITA
HOUSE